맹렬 서생(猛烈 書生) **노상추(盧尙樞)**의
눈물 나는 **과거 합격기**

제3권 급제를 쏘다
1770년 경인년 (庚寅年) - 1780년 경자년 (庚子年)

영·정조 시대
양반가 청년 선비의
일상을 들여다보다

　1권과 2권에서 노상추는 집안을 돌보고 선산 관아를 상대하고, 마을 공동체에서 일어나는 일들을 겪으며 명실상부하게 어린 청년에서 어엿한 가장으로 성장해 갑니다. 그는 어려운 문과 시험을 포기하는 대신 합격이 좀 더 쉬운 무과 시험으로 전향합니다. 그의 일기에서 단지 붓을 던지고 활을 잡았다고만 할 뿐, 왜 문과에서 무과로 전향했는지 자세히 기술하지 않았습니다. 다만 문과에는 한 번도 도전하지 않은 사실로 보아 자신의 실력으로는 문과 시험에 붙을 가능성이 없다고 생각했던 것 같습니다. 할아버지 노계정도 집안이 가난하여 언제까지 문과 시험만 바라볼 수 없다며 무과로 전향하여 병마절도사에까지 이를 정도로 성공했으니, 노상추도 지극히 현실적인 이유에서 할아버지께서 가신 길을 선택합니다.

　노상추는 활쏘기를 시작한 지 2년 만에 전격적으로 무과 시험을 보러 한양으로 떠납니다. 노상추의 활동반경이 고향인 선산에서 한양으로 극적으로 넓어집니다. 더 멀리 다니고 더 많은 사람을 만나고 더 많은 일을 겪으며 노상추는 시골뜨기 서생에서 벗어나 조선 사회를 움직이는 관료로 차츰 성장해 갑니다. 무관이 되어 조정에 진출하고자 하는 노상추 앞에 어떤 도전이 기다리고 있을까요? 그를 따라 무관이 되는 여정을 함께 가봅시다.

감수자의 말

　정형화된 역사 공부는 그 시대 사람들의 다양한 삶과 특이성이 배제될 수 있고 대중들이 식상할 수도 있다. 이젠 역사도 실감 나게 보고 듣는 다양성이 추구된다.
　『맹렬 서생(猛烈 書生) 노상추(盧尙樞)의 눈물 나는 과거 합격기』는 『노상추일기』를 근간으로 한 소설이라 하지만 실제 일기 속에 나오는 그 당시의 한 사람, 한 사람의 삶을 담은 이야기이다. 역사는 사람 사는 이야기이다. 이 책은 그냥 재미있게 읽으면 그 속에 그 시대의 삶이 보인다. 과거 급제 이후의 벼슬살이와 자식과 손자들이 장성하고 가문의 원로로서 숱한 에피소드가 있는 속편을 기대한다. 그리고 이 책의 독자들이 좀 더 심도 있는 역사 이야기 속으로 들어가는 작은 동기 되기를 기대한다.

경주 (안강)노씨대종회 회장 **노 용 순**

노상추(盧尙樞) 연혁

본관: 안강 (安康)
자: 용겸 (用謙)
호: 서산와 (西山窩)

1746년	1771년	1777년	1778년	1779년
경상북도 선산 출생	2월 무과 정시, 초시 불합격 (25세)	8월 무과 식년시, 초시 합격, 복시 불합격	7월 무과 알성시, 초시 불합격	9월 무과 식년시 초시 합격
	10월 무과 정시, 초시 불합격		8월 무과 정시, 초시 불합격	

1792년	1793년	1798년	1800년	1805년
당상선전관	삭주부사 (朔州府使)	선전관	홍주영장 (洪州營將)	강화중군

1780년	1784년	1787년	1789년	1791년
2월 무과 식년시 복시 합격	무신 겸 선전관 임용 (38세)	진동권관 (鎭東權管)	훈련원주부	오위장
3월 무과 식년시 급제 (34세)				

1811년	1825년	1829년	1851년
가덕첨사 (加德僉使) (65세)	가선대부, 중추부동지사 제수 (79세)	사망 (83세)	병조참판, 의정부동지사, 훈련원도정에 추증

주요 등장인물

───── 아버지 노철 (盧哲, 1721년~1772년)

셋째 부인마저 세상을 떠나고 크게 상심한 노철은 가장으로서 노상추와 함께 집안을 꾸려가지만, 딸이 청상과부가 되자 충격을 이기지 못하고 자리에 눕습니다.

───── 동생 노상근 (盧尙根 1753년~1809년)

노상근은 항상 노상추의 든든한 조력자입니다. 아버지를 따라 유람을 다니고 노상추가 과거를 보러 다닐 때 집안일을 대신해 줍니다. 하지만 돌림병에 걸려 죽을 고비를 몇 차례 넘기는데 그때마다 노상추가 정성을 다해 간호합니다.

───── 둘째 부인 풍산 류씨

첫째 아이를 잃은 충격에 괴로워하지만 둘째 아들 봉증이를 낳아 노상추에게 큰 기쁨을 안겨줍니다. 하지만 셋째 아이를 낳고 일주일 만에 사망합니다.

───── 셋째 부인 서씨

둘째 부인이 죽은 후 노상추는 육 개월 만에 인동 낙촌의 생원 서린복의 딸과 혼인합니다. 노상추는 세 번째 결혼 이후 비로소 결혼 생활이 안정되었고 이후 이십육 년 동안 셋째 부인과 살아갑니다.

───── 여동생 (이야기 속 이름 효명)

노상추의 여동생 효명은 아들 희준이를 낳고 얼마 되지 않아 남편을 잃고 청상과부가 됩니다. 노상추는 여동생이 청상이 되었을 때 크게 충격받고 괴로워합니다.

───── 형수 성산 여씨

노상추의 결혼이 안정되지 못하는 가운데 형수는 두 아들을 잘 키워 냅니다. 노상추는 형수가 청상의 세월을 견디며 두 아들을 키운 것에 대해 세월이 흐를수록 고마워합니다.

───── 외아들 노봉증

노상추는 첫째 부인과 둘째 부인 모두 아이를 낳다 죽는데 낳은 아이들도 대부분 자라지 못하고 돌 전후로 사망합니다. 그 와중에 둘째 부인이 낳은 아들 봉증이 살아남아 어른으로 장성합니다.

───── 조카 노정엽, 노용엽

형의 두 조카 술증과 희증은 관례를 올리고 혼인을 하며 새 이름을 받아 정엽, 용엽이가 됩니다. 장성하여 혼례를 한 후에는 분가하여 살아가며 노상추의 든든한 지원군이 됩니다.

차례

1. 집을 떠나다　　　13

2. 아, 숭례문!　　　23

3. 용안　　　44

4. 하늘의 뜻　　　64

5. 다시 시작　　　85

6. 용용 庸庸　　　111

7. 마지막 한 발　　　127

8. 도문연　　　151

한양 도성으로 들어가는 길

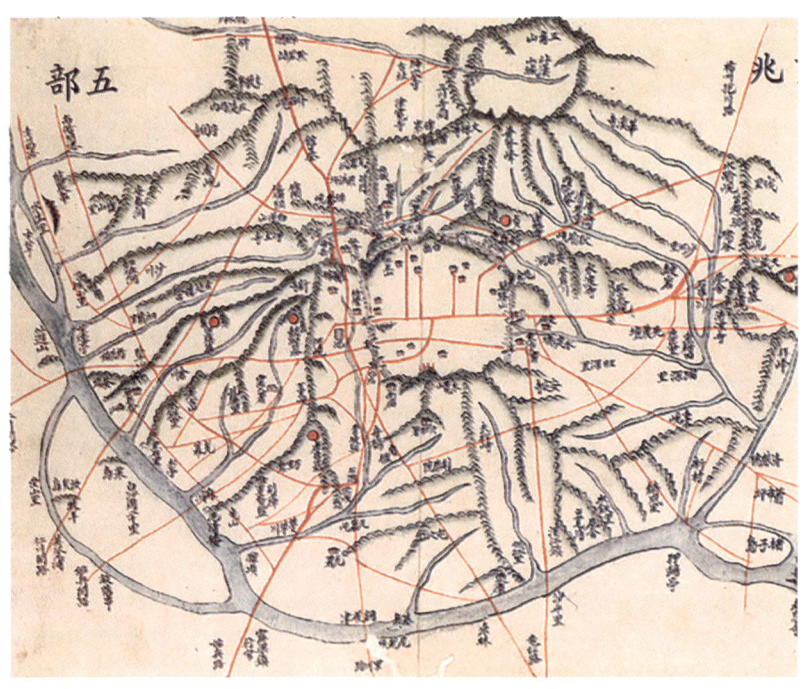

경조오부도, 김정호, 19세기   [출처] 서울역사아카이브

1. 집을 떠나다

1770년 · 경인년 · 영조 46년 · 7월 · 24세

　무자년에 노상추는 난데없이 옥에 갇히고 태형을 맞는 횡액을 겪었지만 실로 천지신명께서 노상추를 굽어살피셨다. 이듬해인 경인년 7월 할아버지 제사를 하루 앞두고 재계하고 소식하며 몸과 마음을 정화하던 노상추는 사실 정신이 온통 다른 데 가 있었다. 아내의 진통이 시작됐기 때문이다. 아내의 출산을 위해 안채의 안방에 산실을 차리고 노상추가 직접 산파를 데려와 출산을 준비했다. 제사가 막 시작될 무렵 안채에서는 아내의 진통 소리가 들렸다. 조마조마한 마음으로 제사를 지냈는데 다행히 마칠 무렵 묘시에 아기 울음소리가 들렸다. 한달음에 뛰어갔더니 산파가 나와서 아들이라고 했다. 아버지와 노상추, 그리고 온 식구들이 기뻐했다. 아들이라 그런지 기운차게 울어댔다.

　"허허! 고놈 참 울음소리 한번 우렁차구마."

　아버지는 오랜만에 환하게 웃으셨다. 노상추는 산실에 들어가 아이를 안았다. 아내도 건강했다. 피도 많이 흘리지 않고 정신도 맑았다. 첫 번째 아들을 낳은 지 육 년 만에 얻는 기쁨이었다. 첫 아들, 첫 아내

와 헤어지는 큰 고통을 겪었지만 천지신명께서 노상추에게 두 번째 아내와 두 번째 아들을 주셨다. 두 번째 아들이 꼬물거리는 모습을 보니 노상추의 마음은 더욱 아려왔다. 첫째 아들과 닮은 것 같기도 했다. 아이가 배 속에 있을 때 마음을 많이 졸였는데 이렇게 건강하게 태어나니 너무나 고마웠다. 이 아이는 꼭 잘 키워낼 것이다.

"여보, 정말 수고했소. 고생 많았소."

더운 여름에 아이를 낳느라 피땀을 흘린 아내는 힘없이 웃은 후 잠이 들었다. 노상추는 아내가 부디 무사히 건강하게 회복하기를 조상님께 기도했다. 아버지께서는 아이의 이름을 의증이라고 지으셨다. 참 희한하게도 할아버지께서 돌아가신 날에 술증이가 태어났는데 의증이도 같은 날 태어나니 참으로 신기했다.

아버지가 된 노상추는 하늘을 날아오를 듯 기뻤다. 활터에 나가 활을 쏘는데 화살이 과녁에 저절로 명중했다.

"아따, 마, 아들이 좋긴 좋구마는. 이러다가 장원급제하겠다."

"아하하, 아들한테 창피 안 당할라 카믄 장원급제는 해야 안 되겠나."

호기롭게 말하긴 했지만 아직 과거를 보러 갈 만큼 실력이 늘지 않아 초조했다. 올해 5월 6월에는 날이 가물어서 보리 농사가 흉작이었다. 김산의 땅에서는 논 13마지기에 보리가 겨우 40 말밖에 나지 않아 한탄스러웠다. 흉년, 흉년 해도 이렇게 흉년이 든 때가 없었다. 노상추는 요즘 활쏘기에 너무나 전념한 나머지 농사일에 무심해서 그랬던 게 아닐까 자책했다. 올해 들어 더욱 과거 준비에 몰두해서 요즘은 하루도 거르지 않고 고남이나 신당포 활터에 나가 한나절씩 활쏘기 연습을 했다. 며칠 전에는 활이 부러지는 바람에 새 활을 샀다. 부러진 활은 집에 할아버지 때부터 쓰시던 연습용 활이었는데 죽은 형도 썼었다. 아무래도 오래돼서 그런지 부서져 버렸다. 노상추는 큰맘 먹고 선산에서 유명한 공인에게 이십 냥을 주고 각궁(角弓)[1]을 새로 샀다. 보리도 흉년이 든 판에 비싼 각궁을 사는 게 아버지께 죄송스러웠다. 곳간은 텅 비어있는데 철없이 비싼 각궁에 돈을 쓴 게 아닐까.

"문관에겐 붓이 있어야 하고 무관에게는 활이 있어야 되지예. 열심히 연습하이소."

아내는 언제나 이치에 닿는 말을 하여 노상추의 마음을 편하게 해줬다. 노상추는 각궁에 시위를 얹어 활터에 나갔지만 새 활을 길들이기가 쉽지 않았다. 새 활로 연습을 하다 보니 전보다 더 활이 잘 맞지 않아 기를 쓰고 연습했더니 무리를 했는지 목에 두드러기가 나서 한참을 고생했다. 아무래도 각궁은 너무 억세서 연습용으로 쓸 목궁을 하나 더 구입해서 연습했다. 올해에는 상주에서 생원진사시가 열리고 합천에서 문과 초시인 동당시가 열리는데 시험 날짜가 다가오자, 주변의 지인들이나 동접들, 친척 형들도 과거길에 올랐다. 노상추는 활터의 동접들이 하나둘 과거길에 오르자, 마음이 싱숭생숭했다.

"노형도 그만하면 준비 마이 했다 안 하요. 함께 가입시더."

노상추보다 나이도 어리고 실력도 변변찮지만, 무과 시험을 보러 한양으로 올라가는 수찬이가 말했다.

"떨어질끼이 뻔한데 가면 뭐하겠노. 노잣돈만 축나지."

하지만 가만 보니 준비가 된 사람만 과거를 보러 가는 건 아니었다. 실력이 없어도 돈이 없어도 모두 과거를 보러 떠났다. 한양으로 떠나기도 하고 향시 시험이 열리는 곳으로 떠나기도 했다. 그중에는 여동생의 시아버지이신 류안춘 어른도 계셨는데 합천에 문과 초시를 보러 가는 길에 노상추 집에 들러 이틀을 묵었다. 아버지께서도 서실에서 내려오셔서 사돈어른께 인사하시고 이번에 꼭 합격하시라 격려했다.

---

1) 각궁(角弓): 나무, 힘줄, 쇠뿔 등을 천연 접착제로 결합한 활

"허허, 이 나이에 이래 댕기도 되는 긴지 모르겠십니더. 다들 노망났다 놀린다꼬 마누라는 가지 말라카는데 그래도 이번엔 우예 안 될까 싶으이까네 또 이래 길을 떠나게 되네예."

사돈어른의 말에 아버지는 환하게 웃으시며 말씀하셨다.

"아입니더. 학문을 닦고 나랏일을 받드는 것이 선비의 본분이니 모쪼록 이번에는 뜻을 이루시길 기원합니더."

노상추는 사돈어른께서 타고 가시는 말에 쌀과 육포를 얹어 드렸다. 추석이 다가오자 노상추는 집을 새로 지을 때 쓸 목재를 구하러 머슴 열 명을 데리고 온 산을 돌아다녔다. 동접들은 모두 과거를 보러 떠나니 동네가 휑해졌다. 홀로 활터에 가서 매일 활을 쏘는데 나도 갈걸 하는 생각이 들었다. 아내가 막 출산을 한 터라 홀로 두고 떠나기도 뭣해서 결심을 못했다. 하지만 오십이 넘은 사돈어른도 문과 시험을 보러 가시는데 스물네 살 먹은 내가 집을 떠나지 못하는 게 부끄러운 일이 아닐까. 자신이 없긴 하지만 언제 자신이 들지 모르는데 과거를 보러 가기 시작해야 하는 게 아닐까. 노상추는 여러 가지 생각에 마음이 복잡해졌다. 열흘 후에 사돈어른께서 시험장으로부터 집에 돌아가시는 길에 다시 들르셨다. 또 낙방이었다. 하지만 사돈어른은 조금도 부끄럽다거나 마음이 상한 얼굴이 아니었다. 아버지는 사돈어른을 위해 술상을 거하게 차리신 후 밤새도록 즐겁게 대화를 나누셨다.

"아하하, 또 떨어졌심더."

"아, 그럼 다음엔 꼭 붙으실 겁니더. 한잔 드이소."

아버지는 사돈어른께 귀한 안동소주 한 잔을 따라드렸다. 사돈어른은 안동 소주를 맛나게 드시고 불콰해져서 아이처럼 말했다.

"크으! 마, 그래도 지는 과장에서 아들뻘 되는 젊은이들캉 시험을 치는 게 좋십니더. 우리 마누라는 지가 늙어서 노망났다 카지마는 마 이 다음엔 붙을지도 모른다고 생각하면 기분이 좋다 아입니꺼."

"하모요! 선비는 세상이 알아주든 알아주지 않든 학문에 힘쓴다 캤으이 사돈이시야말로 진정한 선비십니더. 마, 한잔 드이소!"

안동에 사는 선비들은 워낙 뛰어난 사람이 많아 문과에 합격하는 사람이 종종 나오다 보니 문과에 더욱 목을 매는 것 같았다. 이웃이 문과에 합격해서 출세하고 금의환향하는 것을 보면 어찌 마음이 동하지 않을 수 있겠는가. 과거 시험이 끝난 후 낙방한 거자들이 하나둘 고향에 내려왔다. 급제한 이는 없었지만 모두 얼굴은 밝았다. 활터에 모인 동접들은 한양에 다녀온 이야기를 떠드는데 노상추는 끼일 수도 없었다. 남대문의 위용, 육조 거리의 관청들, 운종가의 화려한 가게들에 대해 듣고 있자니 노상추도 부아가 났다.

'내가 저놈들보다 활을 쏴도 더 잘 쏘고 글을 써도 디 잘 쓰는데, 와 내는 이카고 있노. 다음엔 내도 꼭 갈끼다. 무신 일이 있어도 내는 간다.'

노상추가 과거를 보러 가고 싶어 마음이 둥실둥실 뜨는 것을 제일 잘 아는 사람은 바로 아버지였다. 추석이 지나자 아버지께서 말씀하셨다.

"상추야, 니가 완복이 혼처 함 알아봐라. 올가을에는 완복이 관례 치러주고 바로 장가보내구로. 그라고 완복이 장가가면 니도 이제 한양이든 어디든 과거 보러 가거라."

아버지께서 그렇게 말씀하셨을 때 노상추는 뛸 듯이 기뻤다. 비록 완복이가 친척 집에 양자이긴 했지만 양어머니께서도 돌아가셔서 주로 아버지와 함께 성곡 서실이나 신기 집에 있었다. 완복이가 이제 관례를 올리면 가장 역할을 대신해 줄 수 있고 노상추는 집을 떠날 수 있다. 노상추는 주변 친지들에게 적당한 규수를 수소문했다. 구미에 사는 신체인이라는 사람의 여동생이 참하다 하여 그리로 정했다. 노상추는 동생만 보면 마음이 든든했다. 우리 집안의 대들보였고 가장의 무거운 짐을 대신 져줄 구원자였기 때문이다.

과거 보러 떠난다는 설렘에 마음이 부푼 노상추는 동생의 혼인을 위해 공인을 불러 신혼살림에 쓸 가구와 함을 짜게 했고 시장을 돌아다니며 비단, 명주 같은 혼수품을 샀다. 혼삿날은 11월 2일로 정했지만 며칠 후 그 날 살이 끼었다고 24일로 바꾸자고 연락이 와서 그러자고 했다. 노상추는 친척들을 초대하여 동생의 관례를 올렸다. 아버지께서 축문을 읽으시고 완복이의 상투를 틀어 올리고 갓을 씌워주셨을 땐 노상추의 마음이 울컥했다. 이제 완복이라는 아명을 버리고 억이라는 이름을 얻었다. 노상추는 흥복이라는 이름으로 불리다가 관례 후 상추라는 이름을 얻었었다. 노상추는 혼인을 위한 모든 준비를 마치고 이제 혼례만 올리면 된다는 생각에 매일 매일 날짜를 세며 기다리고 있었다. 그런데 10월 말에 갑자기 난데없이 날이 추워져 강이 얼어붙어 버렸다. 결혼 날짜를 11월 24일로 정해두었는데 조금 기분이 나빴다. 혼사를 앞두고 기후가 일정치 못하다니. 마음속에 어쩐지 찜찜한 생각이 있었는데 아닌 게 아니라 결혼을 겨우 열흘 앞두고 동생 억이가 몸져누워 버렸다. 창자가 끊어질 것같이 아프다며 괴로워했고 계속 구토했다. 처음엔 그래도 며칠 만에 나을 줄 알았는데 증세는 점점 심해졌다. 노상추는 혼처에 결혼 날짜를 미루자는 연락을 넣었고 의원을 찾아가 약을 받아와 먹였다. 하지만 차도가 없어서 주변에 의원이란 의원은 다 찾아다니며 모셔 와서 침도 맞히고 약을 먹였다. 하지만 병세는 점점 심각해졌다. 왜 이리 집안에 우환이 끊이지 않는 걸까. 설마 억이마저 어떻게 되는 건 아니겠지. 노상추는 무서운 생각이 들 때마다 마음을 다잡으며 동생의 병을 간호했다. 동생은 두 달이나 몸져누워 있었다. 연말이 되자 동생은 차차 낫기 시작했다. 그 사이 구미의 신혜인 쪽과는 혼담이 깨어졌다. 노상추가 여러 번 혼례 날짜를 미루자 저쪽에서 오해한 것이다. 노상추는 동생을 돌보는 동안에도 매일 활쏘기 연습을 했다. 고남 활터에서 임금께서 병환에서 나은 것을 기념으로 오는 2월

4일에 과거 시험을 연다는 소식이 들려왔다. 노상추는 이번에는 꼭 과거를 보러 가겠다고 마음을 먹었다. 새해가 되어 별묘에 제사를 지내고 신년 인사를 드리러 다니며 완복이의 혼처를 다시 알아보고 있다고 모두에게 말씀드렸다. 그랬더니 기동에 사시는 종숙(從叔)²⁾께서 장암에 사는 강석풍이라는 자가 여동생의 혼처를 찾고 있더라며 소개해 주시겠다고 했다. 노상추는 당장 기동으로 달려가 종숙의 집에 머무르며 강석풍이라는 자와 만났다. 만나보니 사람도 착실해 보이고 집안도 그만하면 괜찮았다. 노상추는 강석풍에게 혼서를 써주고 결혼하기로 정했다. 지난번 신체인의 집안과는 결혼을 네 번이나 미룬 끝에 결국 파투가 났다. 인연이란 이런 거겠지. 아무리 하려 해도 안 될 때는 안되는 것이고 되려면 눈 깜짝할 사이에 성사되는 것이다.

"니는 그라믄 언제 떠나노?"

아버지께서 물으셨다.

"2월 4일이 과거 시험 날이니까네 늦어도 이번 달 이십 일에는 떠나야 됩니더."

"아, 그래? 그라면 완복이 혼례일은 언제로 정하는 기이 좋을꼬? 저 집에서 곧 날짜를 잡자고 할낀데."

"마, 제가 한양에 다녀오는 기이 한 달 정도 안 걸리겠십니꺼? 제가 오고 나서 혼례를 올리는 기이 어떻겠십니꺼?"

"급제하면 더 오래 머물러야 할 수도 있는데."

노상추는 급제라는 말을 듣기만 해도 좋았다. 머리에 어사화를 꽂고 내려와 동생의 혼례식에 참석할 생각을 하니 생각만 해도 하늘을 나는 것 같았다.

"그래 되면 얼마나 좋겠십니꺼."

---

2) 종숙(從叔): 아버지의 사촌형제.

"알았다. 완복이 혼례일은 내가 알아서 하끼구마."

"아버지께서 따로 준비하실 것은 없심더. 지가 마 작년부터 억이 혼수야, 신접살림이야, 다 장만해 놨심더. 신부만 오면 됩니더."

"알았다. 그라면 마 니는 댕기오거라. 내가 저쪽 집안과는 연락하면서 날을 잡을테이 니는 신경 쓰지 마라."

노상추가 집을 떠나려 하니 별의별 일이 다 생겼다. 갑자기 여동생이 친정 나들이를 하겠다고 해서 노비와 말을 보냈고 사돈어른께서 여동생을 요행하여 오시는 바람에 손님을 치느라 정신이 없었다. 아버지께서는 떠나기 일주일 전부터 독한 감기에 걸리셔서 일어나시지도 못 하셨다. 드디어 떠날 날이 이틀 앞으로 다가왔을 때에는 아내와 젖먹이 아들, 의증이 난데없이 피부가 벌겋게 달아오르고 통증이 말도 못하게 심하다 하여 의원을 불러왔다. 의원은 단독(대상포진)이라고 하며 약을 지어주었다. 웬만해서는 이런저런 티를 내지 않는 아내도 통증이 얼마나 심한지 울면서 신음했다. 젖먹이도 계속 울면서 보채서 아이를 보는 계단이가 쩔쩔맸다. 온 집에 환자들의 신음 소리가 울려퍼졌. 노상추는 아내에게 말했다.

"안 되겠소. 마, 과거고 뭐고 다 때려치우고 가서 용한 의원이나 모시러 가야겠소."

아내는 신음하며 끙끙 앓다가 갑자기 눈을 번쩍 뜨고 말했다.

"아입니더. 서방님, 가소. 이번에는 꼭 가야 합니더. 더 미루지 마시고 가이소."

"집이 이 꼴인데 내가 우델 가겠소?"

"아입니더. 대장부는 큰일을 앞두고 집안을 돌아보지 않는 법입니더. 이것저것 따지다가 세월 다 갑니더. 가이소. 가셔야 합니더."

밤새 아내와 아들을 간호하고 초당채에 왔다 갔다 하며 아버지를 돌봤다. 식구들이 이렇게 중한 병에 걸려 자리에 누워 있는데 가장인 내가 나 몰라라 하고 떠나도 되는 건가. 세상없는 출세를 한다 해도 집안이 풍비박산 난다면 무슨 소용인가. 과거는 다음에 보자. 젖먹이가 단독에 걸려 사경을 헤매고 있는데 무슨 영광을 보겠다고 떠나겠는가. 아니면 며칠 더 돌봐주며 보다가 좀 나아지면 떠날까.

아니다. 이제 과거 시험은 보름 앞으로 다가왔다. 지금 결단하지 않으면 안 된다. 오늘 아니면 이번 과거 시험도 그냥 날리는 거다. 갈 것이냐, 말 것이냐. 밤새 뜬눈으로 새운 노상추는 멀리 동이 터오는 것을 보며 더 고민했다. 아버지의 초당채 앞으로 문안을 드렸다.

"오늘 떠나라. 마, 니가 여기 있는다 해서 안 아플 게 아플 것도 아이고 아플 게 안 아플 것도 아이다. 가거라."

노상추는 몸 여기저기가 벌겋게 부어오른 아내와 아들을 보니 눈물이 났다. 아내는 일어나지도 못했고 아이도 늘어져서 눈도 뜨지 못했다. 노상추는 완복이와 효명이와 함께 아침 식사를 하며 집안일을 부탁했다. 효명이는 한 달 정도 더 머물면서 친정 일을 도와주겠다고 했다.

"내 없는 사이에 집안일을 부탁한데이."

"형님, 집안 걱정은 마소. 형님 과거 시험 잘 칠 생각이나 하소."

완복이가 의젓하게 말해줘서 고마웠다. 노상추는 마지막으로 방에 드러누운 아내와 아들을 들여다보고 돌아올 때까지 잘 있으라고 했다. 아내는 간신히 눈을 뜨고 눈짓으로만 가라고 했다. 차마 발걸음이 떼어지지 않았다. 이게 도대체 뭐 하는 짓인가. 대문을 나서는 그 순간에도 고민이 됐다. 대문 앞에는 손돌이가 말에 옷과 짐을 싣고 있었다.

"손돌아, 출발하그라. 형님, 잘 다녀오이소."

노상추는 말에 올라타고 모두에게 인사했다. 효명이, 형수와 술증이, 희증이가 배웅을 했다.

"잘 다녀오십시오."

"몸 건강히 댕기오이소."

노상추는 길을 떠나는데 차마 돌아보지 못했다. 돌아봤다가는 다시 집으로 들어갈 것 같아서였다. 독하게 마음먹고 노상추는 길을 떠났다. 한참을 가다 비봉산 꼭대기에서 뒤를 돌아봤다. 멀리 집이 보였다. 노상추는 태어나서 처음으로 고향을 떠난다. 과거를 보러 떠나는 것이 이렇게 힘들 줄이야. 고개 하나를 넘는데 발걸음이 천근만근 무거웠다. 다시 내려갈 것인가.

"나으리!"

손돌이가 부르는 것이 들렸다. 노상추는 자기도 모르게 말했다.

"그래. 가자."

노상추는 뒤돌아서서 한양을 향해 나아갔다. 그런데 희한하게도 그 순간 자신을 잡아끌어 내리던 집안 걱정이 사라졌다. 앞을 보니 이제까지 가보지 못했던 세상이 있었다. 한 번도 가보지 못한 세계가 눈에 들어오자 무겁게 짓누르던 가장의 책임과 집안 걱정은 순식간에 사라지고 그의 가슴속엔 미지의 세계를 향한 희망, 성공의 향한 열망의 불길이 세차게 타오르기 시작했다. 이십오 년 동안 선산에 처박혀 살던 시골뜨기 서생 노상추는 비로소 좁아터진 고향 산천을 떠나 새로운 기회가 손짓하는 한양 도성으로, 임금님이 계시는 조선의 심장, 궁궐을 향해 빨려가듯 내닫기 시작했다.

2. 아, 숭례문!

1771년 · 신묘년 · 영조 47년 · 25세

노상추는 동접들과 만나기로 한 신당포로 갔다. 노상추는 이미 정오쯤에 도착하여 주막에서 기다리고 있었는데 오후가 되니 척족인 정화경, 정명준이 왔다.

"상추야, 니 일찍 와 있었구나."

화경이 환하게 웃으며 말했다.

"그래. 마음이 급해서 집에 몬 있겠더라. 그라고보이 집안 어른들께 인사도 몬 드리고 왔다."

"할 수 없지. 지금 시간이 얼마 없다 아이가."

명준이 말했다.

"철승이랑 자익이는 와 안 오노? 도착하면 오늘 안에 빨리 가자."

"아따, 진정해라, 진정."

명준이 웃으며 말했다.

웅곡에 사는 박철승과 아촌에 사는 구자익은 해가 질 무렵 도착했다. 친척들에게 인사드리고 사당에 참배하고 오느라 늦었다고 했다. 노상추는 어정쩡하게 와서 하루 잡아먹었다고 두 친구에게 잔소리를 해댔다. 주막에서 함께 저녁을 일찍 먹었다. 한양에 가서 과거 시험을 여러 번 본 화경과 명준이 있어서 노상추는 마음이 든든했다. 노상추가 탁주를 동접들에게 따라주며 사기를 올렸다.

"자, 한잔 마시고 오늘 일찍 자세. 오늘 벌써 하루를 이래 까먹었으이까내 내일 인시에는 일어나 떠나야 안 되겠나."

"하모. 아침 먹기 전에 서둘러서 가면 상주까지 갈끼고 거서 아침 묵고 좀 쉬다가 조령으로 가면 된다."

명준이 말했다.

"하루에 몇 리나 갈 수 있을꼬?"

노상추가 물었다.

"날이 좋으면 팔구십 리도 가는데 날이 우예 될지 모르이 될 수 있는 대로 많이 가두는 기이 좋다."

"지금 빨리 가도 과거 시험 날 전에 도착한다는 보장이 없다. 서둘러 가자."

밤이 깊어져 가도 노상추는 잠이 오지 않았다. 노상추는 꿈에서 몇 번이나 궁궐에 계신 임금님을 만난 적이 있다. 진짜 궁궐은 어떻게 생겼을까? 용안을 한 번 뵐 수 있으면 얼마나 좋을까. 노상추는 임금님이 계시는 한양으로 간다는 생각에 설레는 마음을 잡을 길이 없었다. 밤새 뜬눈으로 지새우다가 살풋 잠을 잤는데 인시가 되자 눈이 번쩍 떠졌다. 노상추가 벌떡 일어나자 동접들도 따라 일어났다. 노상추는 재빨리 옷을 입고 떠날 채비를 한 후 마당에서 노비들에게 소리를 치며 빨리 가자고 재촉했다.

"빨리 준비 안 하나! 짐 싣고 말 준비 시키그라. 이래 굼떠서 오백 리 길을 언제 가겠노!"

노비들은 난데없이 남의 주인에게 핀잔을 들으니 입이 삐쭉삐쭉했다. 이윽고 모두 말을 타고 길을 떠났다. 노상추는 흥분이 됐다. 집에서 멀어지고 한양과 가까워질수록 노상추는 새로운 삶이 시작된다는 기대감에 하늘로 날아갈 것 같았다.

1월 21일 노상추 일행은 상주를 지났고 22일에는 비가 내릴 조짐이 있어 새벽부터 육십 리를 간 끝에 오십석령을 넘어 고교점이라는 주점에서 말을 먹였다. 그때부터 비를 맞으며 30리 길을 갔는데 비가 쏟아붓기 시작해서 더는 갈 수 없어 청주 송면점에 머물기로 했다. 모두 물에 빠진 생쥐 꼴이었다. 노상추가 유삼을 벗으며 말했다.

"한겨울에 와 이래 비가 마이 오는고!"

그날 밤 밤새도록 천둥 번개가 치면서 비가 왔다. 습기가 올라오는 방에서 모두 피곤해서 잠들었지만 노상추는 걱정이 되어 잠이 오지 않았다.

23일 비가 계속 내렸지만 서둘러 길을 떠났다. 이십 리를 가니 청주의 운교점에 도착했다. 식사를 하고 떠나려 했지만 개울물이 불어 건널 수가 없었다. 다시 주막으로 돌아와 개울물이 줄어들기를 기다리다가 묵어가기로 했다. 주막의 봉놋방에서 옷을 말리며 모두 걱정을 했다. 한겨울에 비를 맞고 길을 가는 것도 힘든데 불어난 개울물을 건너야 한다니. 하지만 붓과 벼루, 책, 활, 화살, 옷가지, 식량이 물에 떠내려 가든지 물에 빠져 감기라도 앓게 된다면 과거를 제대로 칠 수가 있겠는가. 하루 종일 비바람과 싸워가며 다녔더니 손과 발이 떨어져 나갈 듯 시려웠다. 말이 없었다면 정말 힘들었을 것이다. 노상추는 천장을 바라보며 혼자 중얼거렸다.

"내일은 비가 그치야 될낀데."

24일에도 가랑비가 내렸고 개울물은 줄어들지 않았다. 모두 어두운 표정으로 방안에 있는데, 화경이 말했다.

"자, 얼굴 펴고 개울물이 줄어들 때까지 우리 활쏘기 연습이나 하입

시더. 며칠 연습을 못했드만 몸이 찌뿌둥하다 아이요."
 화경의 말에 모두 주막집 앞 공터에 나가 나무에 대고 활쏘기 연습을 했다. 노상추가 활을 쏘는데 마음이 무거워서인지 잘 맞지 않았다. 노상추는 바짝 조바심이 났다.
 "명준아, 여기서 이라고 있을기이 아이고 그냥 개울을 건너뿌자."
 "우예 건너노? 이 겨울에 물에 빠져뿌모 대책 없데이."
 노상추는 어떻게든 개울을 건너서 하루빨리 도성에 도착하고 싶었다. 이제 과거 날은 열흘 남짓 남았다. 갈 길이 먼데 개울 앞에 노닥거리고 있자니 천불이 났다. 이러지도 못하고 저러지도 못하고 있는데 상주에 사는 친구, 노중문, 노희원, 황계희가 도착했다.
 "여기서 와 이라고 있노?"
 중문이 물었다.
 "개울물이 불어서 몬 간데이."
 "아, 글라? 그라모 마 국밥이나 묵고 좀 쉬자."
 또 이렇게 하루를 공치다니! 노상추는 속이 바짝 탔다. 주막 앞 개울에 나가 물이 줄었나 계속 들여다봤지만 아직 건너갈 수가 없었다. 주막에 들어오니 다른 친구들은 술을 마시고 있었고 해는 지고 있었다. 노상추는 대책을 내야겠다고 생각했다. 노상추는 주모를 불렀다.
 "주모, 개울이 이래 불어났을 때 다른 사람들은 우예 했소?"
 노상추가 주모를 불러 물었다.
 "아, 월천꾼을 부르시믄 되지라아아."
 "월천꾼?"
 "야, 돈 몇 푼 주시믄 개울 저편으로다가 업어 드려유우."
 주모는 심드렁한 표정으로 설거지를 하며 대꾸했다.
 "얼마나 줘야 되노?"
 노상추가 물었다.

"그거사 업어다 주는 넘들이 알지 지가 먼 수로 알겠슈우?"
"내일 아침에도 개울물이 줄지 않으므 좀 불러주게."
다음 날 아침 노상추가 개울에 나가봤지만 역시 물은 줄지 않았다. 산에서 내려오는 물이 여간 많은 게 아니었다. 노상추는 주모에게 말해 월천꾼들을 불러왔다. 월천꾼들은 가죽으로 된 옷, 동아줄, 멍석 같은 것을 가져왔다. 노상추는 월천꾼이라면 기골이 장대할 줄 알았는데 노상추와 얼추 비슷해 보여 개울물을 건널 수 있을지 걱정이 됐다. 그 중 두목이라는 놈이 말했다.
"자, 그럼 건내 드릴 테니까유 준비허슈우."
"우리 일행 모두를 건네주는데 얼만고?"
노상추가 물었다.
"한 명 당 오 전이에유우."
"오 전?"
한 명당 오 전이면 따라온 노비들은 제외하고서도 상전들만 건네는데 모두 넉 냥이다. 화경과 명준은 비싸다고 했고 희문은 돈을 주더라도 빨리 가자고 했다. 노상추가 흥정에 나섰다.
"사람이 여럿이니 좀 깎아야지. 노비들꺼정 다 해서 두 냥 주마."
월천꾼 두목이 노상추를 가만 노려봤다.
"와, 몬 하겠나? 두 냥이면 쌀이 한 가마니다. 한나절 일거리로 그만하면 후한 기이다."
월천꾼들은 저희끼리 쑥덕거리더니 돈을 주면 하겠다고 했다. 노상추는 동접들에게 돈을 거둬서 월천꾼들에게 줬다. 월천꾼 중 한 놈이 동아줄을 들고 나무 위에 올라가 커다란 나뭇가지를 골라 동아줄을 매었다. 나머지 놈들은 가죽바지를 입더니 한 놈씩 개울물로 들어갔고 개울물 저편으로 간 놈은 동아줄 다른 편을 나뭇가지에 걸었다. 두목이라는 놈이 동아줄 위에 멍석 같은 것을 걸어올리더니 노상추에게 손짓했다.

"뭐 해유우? 언능 오슈우."

노상추가 다가갔더니 접힌 멍석 사이로 들어가라고 했다. 양반 체면에 멍석에 끼어들어 가라니 형상이 영락없는 멍석말이였다. 노상추가 기분 나쁜 표정을 지으며 멈칫거리자 월천꾼이 재촉했다.

"아, 해 지겄어유우. 뭐 하자는 거예유우!"

노상추는 눈을 질끈 감고 멍석 안으로 들어갔다. 멍석 안에서 노상추는 책과 활, 화살을 꼭 끌어안았다. 노상추는 월천꾼들을 불러 개울을 건너기로 결정한 것을 후회했다.

'항상 경계하기를 깊은 물을 만난 듯이 얇은 얼음 위를 걸어가듯 하라 했거늘 내 어찌하여 이같은 상놈들을 경계하지 않았을꼬!'

멍석은 번쩍 들리더니 동아줄에 걸려 올라갔다. 노상추를 실은 멍석은 개울물 위에 늘어선 월천꾼들이 차례로 당겨서 개울물 저편으로 이동해갔다. 노상추는 줄이 휘청일 때마다 눈을 질끈 감았다. 월천꾼 놈들이 낄낄거리며 더 장난스럽게 줄과 멍석을 흔들어댔다. 동접들은 얼굴이 하얗게 되어 개울을 건너왔다. 놈들이 그래도 힘은 있어서 물살이 셌지만 잘 버텨냈다. 이윽고 동접들이 다 넘어왔고 다음엔 노비들과 짐과 말이 건널 차례였다. 그런데 월천꾼들이 갑자기 동아줄을 걷어 내더니 개울물 저편으로 건너가 버렸다. 노상추는 소리쳤다.

"느그 머하는 짓이고? 빨리 짐캉 노비캉 건네주그라!"

개울물 저편의 월천꾼 두목이 말했다.

"아, 지들은 돈 받은 만큼 해줬으니께 나머지는 알아서들 허슈우!"

"넉 냥을 냈시믄 다 건네줬을 터인디 두 냥이 뭐여, 두 냥이?"

월천꾼들은 동아줄을 둘둘 말아 어깨에 메고 가죽바지를 벗었다. 노상추는 화가 치밀어 고래고래 소리를 지르며 말과 노비들도 건네주라고 했지만 듣지 않고 가버렸다. 객지에서 인심이 각박하기로서니 어찌

이럴 수 있을까! 개울물을 건넌 마당에 다시 건너가 월천꾼들 멱살을 잡을 수도 없어서 소리만 지르다 말았다. 노비들은 하는 수 없이 식량과 옷, 책 같은 짐들을 머리에 이고 손으로 말고삐를 잡고 차가운 개울물을 건넜다. 노비 하나가 미끄러져 옷과 먹을 것이 물에 떠내려갔지만 건지지 못했다. 천신만고 끝에 노비들과 말, 짐이 건너왔다. 노비들은 개울물을 건넌 뒤 불을 피워 옷을 말렸고 신발을 갈아신었다. 이러구러 하루가 거의 다 가버렸고 노상추 일행은 겨우 이십리를 가서 괴산에 도착했다. 27일, 28일에도 비바람을 맞으며 계속 걸어서 29일에는 경기도 용인에 들어섰는데 거자들의 행렬이 삼십 리까지 늘어서 있었다. 임금님의 병환에서 나으신 것을 기념하는 특별시라 갑작스레 시험이 발표된 것도 있고 날씨가 궂어 시간에 맞춰 오기가 힘들었는지 행렬이 앞으로 봐도 끝이 없고 뒤로 봐도 끝이 없었다. 길에 사람이 꽉 차서 노상추는 옆에 사람과 어깨를 부딪쳐 가며 걸었다.

"화경아, 내 태어나서 사람이 이래 많은 건 처음 본데이."

"전라도, 충청도, 경상도, 제주도에서 거자들이 다 이 길로 모이니 그라제. 이제 한양 도성 안에 들어가서 여관에 가모 저 북쪽에서 온 사람들까지 해서 조선 팔도 사투리가 다 들린다."

"아, 그렇구마. 그란데 거자들이 이래 많은데 내가 붙겠나. 괜히 왔나 싶다."

"하하! 걱정 마라. 붙을 사람은 다 붙는다."

신원점에서 하룻밤을 묵고 아침 일찍 길을 떠나 궁마을과 수서를 지나자 뽕밭과 배밭이 나오면서 앞에 한강이 있었다. 한강 너머로 멀리 한양 도성이 보였다.

'아, 저기가 한양 도성이구마.'

역시 한강은 낙동강에 비할 데가 아니었다. 바다 같은 한강을 바라보며 모래사장을 건너 사평 나루터로 갔다.

"바람이 세서 오늘은 배를 못 띄웁니다요."

뱃사공이 말했다. 노상추 일행은 한강진 사평점에 들어가 하룻밤을 묵은 후 다음 날 한강을 건넜다. 서빙고를 지나 도성에 가까워 올수록 집도 더 많아지고 길도 넓어졌다. 길 양옆으로 쌀, 무명, 어물을 파는 가게들이 쭉 늘어서 있었고 사람들이 구름떼처럼 북적였는데 그 길의 끝에 숭례문이 서 있었다.

"아, 숭례문이네!"

1월 20일에 집을 떠나 2월 2일에 겨우 숭례문 앞에 당도했다. 숭례문 앞에 서자 노상추 왠지 마음이 싱숭생숭했다.

"숭례문이 참말로 크긴 크구마."

노상추가 숭례문을 들어가며 말했다. 조선의 삼남지역에서 오는 사람들은 모두 숭례문을 통해 한양으로 들어간다. 숭례문 주변에는 사람들과 물건들과 수레와 가축들로 난리가 났다. 쳐다볼 거라고는 위로 뚫린 하늘과 산골짜기 밖에 없는 시골에 살다가 조선 팔도에서 제일 시끌벅적하다는 숭례문 앞을 지나니 귀가 떨어져 나갈 것 같았다. 숭례문 안으로 들어가 도성 안을 내려다보니 멀리 인왕산이 보였다. 산 아래로 곧게 뻗어 사방으로 난 길, 높고 구불구불한 성벽, 길 뒤로 가득 들어찬 기와집과 초가집, 길 위로 피어오르는 먼지를 뚫고 바삐 지나가는 사람들 등등 볼거리가 끝도 없었다. 말은 태어나면 제주도로 보내고 사람은 한양으로 보내라더니 사내대장부라면 태어나 큰 세상에서 살아봐야 하는 것이다. 노상추는 도성 안으로 들어가다가 문득 뒤를 돌아서 숭례문을 바라봤다. 숭례문 문루에는 군졸들이 쭉 늘어서서 보초를 서고 있었는데 중앙에 수문장이 있었다. 그때 어릴 적 할아버지께서 말씀하셨던 것이 기억났다.

'흥복아(노상추 어릴 적 아명), 이 할부지가 무과 급제하고 처음 제수받은 직이 먼 중 아나? 바로 수문장이었데이. 한양에 가모 숭례문, 돈의문, 숙정문, 흥인지문 겉은 크고 아름다운 대문이 있다꼬. 그 문으로 백성들이 다 드나드는데 그 문을 지키는 사람이 바로 수문장인기라. 내가 수문장 직을 받고 처음 남대문에 올라 서이, 마, 얼마나 떨리던지. 내 겉은 시골뜨기 서생이 이런 막중한 책임을 맡았구나 생각하이 마, 가슴에서 뜨거운 기이 올라오는기라. 내려다보이 문 아래에서는 백성들이 살아보겠다고 바삐 드나들고 멀리 보면 임금님께서 나랏일을 보시는 구중궁궐이 눈앞에 쫘악 펼쳐져 있는데, 아, 그 심정을 우예 말로 하겠노. 그 때 내가 속으로 맹세하기를 목숨을 다 바쳐 이 백성을 지키고 임금님을 모시야지 했다꼬. 그래가아 밤새도록 문루에 서 있어도 내사 눈꺼풀 잠깐 붙이지 않았다.'

지금 서 있는 저 수문장도 할아버지 같은 마음일까. 나도 저 자리에 서리라. 할아버지의 이름에 누가 되지 않는 명예로운 무관이 되어 임금님과 백성을 지키리라. 하지만 조선 팔도에서 모인 이 수많은 거자들을 물리치고 과연 급제할 수 있을까?

'흥복아, 할배가 지켜주꾸마. 굳센 마음으로 나아가거라!'

노상추는 할아버지께서 저 문루 어디엔가 서서 그렇게 자기에게 말씀하시는 것 같아 눈이 뜨거워졌다.

"상추야, 빨리 와라. 멀 그래 보고 서있노?"

명준이가 숭례문을 바라보고 있는 노상추를 불렀다. 노상추는 얼른 일행을 따라가며 말했다.

"아, 숭례문 한번 더 쳐다봤다. 가자!"

숭례문을 지나 도성 안으로 들어가 운종가를 지나갈 무렵에는 가게에서 파는 화려한 물건들이 노상추의 눈을 사로잡았다. 어여쁜 우산을 파는 우산전, 꿩고기만 전문으로 파는 치계전, 상등급 쌀만 파는 상미전, 무명과 은을 거래하는 면포전도 신기했지만 그중 가장 눈길을 끈 것은 화려한 중국 비단을 파는 선전이었다. 시골 장터에서는 절대 볼 수 없는 화려한 빛깔에 하늘하늘하면서도 광택이 나는 중국 비단을 보고 노상추는 탄복했다.

'아내한테 중국 비단 한 필 사다줄 수 있으모 얼마나 좋겠노?'

노상추 일행은 도성 안에서도 동촌에 있는 동부동으로 갔다. 거기에 약방을 하는 이 선달 집을 숙소로 정했다. 이 선달은 화경의 지인이다. 도성 안은 과거 시험을 보러 올라온 거자들로 어딜 가나 북새통이었다. 이 선달의 집 별채를 세내어 일행들이 모두 묵기로 했다. 노비들은 있을 곳이 없어 말과 함께 시골로 돌려보냈다. 이 선달의 여종이 식사를 내어 왔는데 간소하면서도 정갈한 백반을 내어와서 맛있게 먹었다. 동부는 한양의 동촌으로 뒤로는 창경궁이 있고 앞으로는 청계천이 있어서 아름다운 동네였다. 운종가를 가로질러 가기도 좋았고 옆에 흥인지문으로 가기도 좋았다. 노상추는 마음 같아서는 한양 도성 안을 두루 구경하고 싶었지만 그럴 틈이 없었다. 숙소에 도착한 다음 날 3일에는 이른 아침에 바로 녹명소에 가서 생년월일, 이름, 부모, 조부모, 외조부모의 신상정보를 적은 사조단자를 제출했다. 바로 다음 날인 4일이 과거 시험 날인데 날씨가 궂어 늦게 도착한 거자들이 많아서 그런지 녹명소도 인산인해였다. 동도 트기 전에 갔지만 제출하고 나오니 이미 정오가 넘었다.

"무과 시험장에 가보자. 모화관이 우데 있노?"

노상추가 물었다. 한양 지리에 밝은 명준이 인솔했다.

"운종가 거리를 따라 쭉 가서 신문(新門) 밖으로 가모 있다."

신문은 돈의문이라고도 하고 서대문이라고도 하는데 한양의 서쪽에 난 문이다. 화려한 운종가의 가게의 물건들을 보며 노상추는 한양의 화려함에 푹 빠졌다. 쭉 걸어가니 광화문 너머로 경복궁이 보였고 더 걸어가니 경희궁이 나왔다. 궁은 알록달록 채색된 몸체 위에 엄숙한 검은 지붕이 조화를 이루어 아름다우면서도 근엄했다. 눈으로 보고 귀로 들고 입으로 먹는 모든 것이 노상추에게는 다 새롭고 신기했다. 숭례문이 크고 화려했다면 돈의문은 그보다 조금 소박했지만 주변에 넘쳐나는 사람들이나 물자들은 숭례문과 비슷했다. 돈의문을 지나 중국 사신을 맞이한다는 영은문이 있었고 그 옆에 모화관이 있었다. 북쪽에서 내려오는 중국 사신은 홍제원을 지나 영은문으로 오는데 임금께서 친히 이곳에 왕림하시어서 중국 황제가 보낸 칙서를 몸소 받는다. 모화관에서는 내일 무과 시험을 치를 준비를 하느라 사람들이 북적였다. 이번 무과 초시에서는 육량전을 130보 이상 쏘아야 하고 유엽전은 3발 이상 명중해야 한다. 군졸들이 나와 차양을 드리우고 장막을 세우며 무과 시험에 필요한 시설을 설치하고 있었다.

"자, 내일 이곳에 와서 기다리다가 자기 차례가 돼서 이름을 부르면 들어가서 시험을 치면 된다."

명준이가 설명했다. 노상추는 벌써 긴장이 됐다. 손을 쥐었다 폈다 해보고 어깨를 돌리며 시험장 주변을 둘러보았다.

"그럼 숙소로 돌아가자."

노상추와 일행은 운종가의 한 국밥집에서 저녁을 먹었다. 그런데 갑자기 한 의금부 군졸들과 검사복이 운종가 앞을 지나가더니 잠시 후 비단 도포 입은 자가 군졸들에게 끌려가는 것을 보았다. 주모는 혀를 끌끌 차면서 그리될 줄 알았다는 듯 끌려가는 뒷모습을 내다보았다. 밥을 같이 먹고 있던 명준이 주모에게 물었다.

"주모, 저자는 누군고?"

"저 사람은 저 중국 비단을 파는 선전 주인입지요. 상인 주제에 돈푼깨나 쓰고 살면 그저 만족하고 쥐 죽은 듯이 살 것이지 지가 무슨 고관대작이라도 된 양 거들먹거리고 다니더니 꼴 좋다."

"우예 거들먹거렸길래 저래 되노?"

철승이가 밥숟가락을 들고 입으로 가져가며 말했다.

"말도 마슈. 은언군, 은신군 전하를 자기가 보살펴 드린다느니 비단 옷을 해 입혀 드린다느니, 생일 잔치를 열어드린다느니 하며 얼마나 허풍을 떨어대든지, 원."

밥을 다 먹은 철승이가 말했다.

"은신군 전하와 은언군 전하를 잘 모시면 마 저래 되노?"

잠시 후 운종가는 시끄러워졌다. 밥을 먹고 나오는데 운종가의 가게 주인들이 여기저기에서 군졸들에게 끌려가는 것이었다. 철승이가 보더니 말했다.

"아이 운종가가 와 이리 시끄럽노?"

자익이가 말했다.

"저, 봐라, 저저! 끌려가는 사람이 한둘이 아이다."

운종가 일대의 시전 상인들이 우르르 의금부 군사들의 손에 끌려가는 것을 보고 노상추는 심상찮다고 생각했다.

"빨리 숙소로 가자. 내일 시험 칠 준비나 하자."

숙소에 들어갔더니 노중문, 노희원, 황계희가 겨우 사조단자를 제출하고 들어왔다. 노중문이 말했다.

"이야기 들었나? 지금 마 궁궐에서 난리 났단다."

"무신 난리?"

"은신군 전하캉 은언군 전하캉 지금 임금님께 책잡히가아 유배 가게 생겼단다. 그 두 왕손께서 초헌이나 교자 같은 가마를 타고 댕기셨다는데 그거는 정삼품 이상의 당상관들이나 타는 기란다. 그런 가마를 타고 뒤에 종들을 한 패거리씩 거느리고 다니다가 이번에 임금님이 아시고 대노하셨단다."

노희원이 입에 침을 튀기며 말했다.

"황경룡이라는 자는 은신군 전하를 기른 보모의 남동생인데 그 작자가 내시들과 짝짜꿍을 해가아 시전상인들헌테 두 왕손이 쓰신다카면서 수백냥을 뜯어갔단다."

"왕손이 돈이 없어가아 상인들한테 돈을 빌려 썼다꼬?"

화경이 기가 막힌다는 표정으로 말했다.

"임금님이 그 두 왕자를 사도세자가 궁녀를 건드리가아 낳은 자식이라꼬 그래 싫어하신 단다. 자기 아들인 사도세자도 죽이 뿌린 판에 사도세자의 서출 아들이 머가 예쁘겠노? 그라이 마 돈도 죽지 않을 만큼만 줬겠지 넉넉히 줬겠나."

"할부지가 손자들을 좀 살도록 해줬시믄 됐을낀데."

노중문이 말했다.

"아무리 그캐도 할부지 얼굴을 봐서라도 손자가 조심하고 또 조심해야지 와 눈에 띠게 그라고 다녔겠노? 왕손일수록 몸을 낮추고 쥐 죽은 듯이 살아야지 얄랑거리고 다녔다가는 정적들 계략에 걸려들어가아 한방에 끝장나 뿌린다."

노상추가 화살을 닦으며 말했다.

"그래서 지금 궁에서 우야고 있는데?"

명준이 말했다.

"마, 임금님께서 대노하시가아 지금 두 왕손을 모시는 내시들이야, 무수리야, 나인이야 마 다 감옥에 갇히고 시전 상인들도 마 다 잡히 들어가 뿌렸다."

노중문이 말했다.

"그라면 이제 우예 되노?"

"이제 주리 틀고 곤장치고 난리 날 것 같던데."

"마, 임금님께서 아들을 그래 죽이 뿌리셨으면 됐지 와 손자들꺼정 죽일라 카시는고?"

희원이 씁쓸하게 말했다. 노상추가 눈살을 찌푸리며 말했다.

"손자가 상인들한테 돈을 수백냥 빌려서 초헌을 타도 댕겼시믄 내라

35

도 화를 냈을 끼다. 왕손이 구차하게 그기 머꼬! 백성들의 비웃음이나 사고 말이다."

"그라면 과거 시험은 무사히 치를 수 있겠나?"

명준이 걱정스레 물었다.

"궁에서 일어나는 일이야 머 임금님께서 알아서 하실 끼고 과거 시험은 훈련도감에서 알아서 하겠지. 우리가 신경 쓸 일이 아이다. 내일 시험 치러 갈 준비나 잘해놔라."

노상추는 자기 전에 뒷마당에 나가 활시위를 당기며 다시 한번 연습했고 시험에 쓸 육량전과 유엽전 화살을 점검했다. 모든 준비를 마치고 노상추와 동접들은 잠자리에 들었다. 호롱불까지 다 끄니 여기저기서 코고는 소리가 들렸다. 노상추도 피곤했지만 왠지 잠이 오지 않았다. 실수하면 어쩌나 걱정됐다.

'할부지요, 도와주이소. 하늘에서 굽어살펴 주이소.'

노상추는 숭례문 문루에 서서 백성들을 내려다보는 할아버지를 생각하며 잠들었다.

2월 4일 드디어 무과 초시가 시작됐다. 그런데 또 비가 내렸다. 활쏘기는 날씨에 영향을 많이 받는데 노상추는 비오는 날에도 연습을 해둬서 어느 정도 자신이 있었다. 노상추는 일행과 함께 모화관 앞 거자들이 대기하는 장소에 줄을 지어 기다리고 있었다. 시관이 이름을 부르면 모화관 안으로 들어가서 대기하다가 시험을 치면 된다. 노상추는 대기 천막 안에서 나와 모화관 앞마당에서 진행되는 활쏘기 시험을 구경했다. 육량전은 130보 이상 나아가야 합격인데 비바람이 심하게 불고 날이 추워서인지 오십보도 못 쏘는 사람이 허다했고 아깝게 두세 보 모자라 불합격되는 사람도 많았다. 유엽전 쏘기는 세 발을 명중시켜야 하는데 세 발은 고사하고 과녁 근처에도 못 가는 화살이 많았다. 노상추는 하루 종일 대기했지만 이름이 불리지 못해 시험을 치지 못했다. 노중문과 정명준이 들어가 시험을 쳤다. 노중문은 육량전에서 백 삼십보의 반도 못 미치게 쏴서 불합격됐고 정명준은 육량전은 잘 봤지만 유엽전 시험에서 과녁을 한 번 밖에 못 맞히는 바람에 불합격됐다. 4일 시험을 마치고 5일에 재개된 시험에서는 철승이와 자익이, 희원이가 시험을 쳤지만 다 떨어졌다. 노상추는 차례를 기다리다가 또 날이 저물었고 무과 시험이 파했다. 숙소로 가려는데 과거에 떨어진 철승이가 말했다.

"야야, 내일 또 나와야 하는데 왔다 갔다 하지 마고 오늘은 성 밖에서 자자. 저그 모화관 뒤에 가모 삼거리 주막이 있는데 막걸리가 맛있다 카더라."

철승이가 청승맞게 말하는 바람에 과거에 떨어진 친구들을 위로한답시고 동접들은 모두 삼거리 주막으로 가서 막걸리를 시켰다. 노상추는 시험을 아직 치르지 않아 딱 한 잔만 마셨다. 주막은 밤이 깊도록 거자들로 북새통이었다. 철승이와 자익이, 희원, 명준이와 노중문은 시험에 떨어졌다며 부어라 마셔라 하는데 노상추는 옆에서 꾸벅꾸벅 졸고 있었다. 그때 멀리서 나팔 소리가 들렸다. 옆에서 술을 마시던 선비 하나가 벌떡 일어서며 말했다.

"이 소리는 천아성인데!"

"천아성?"

천아성은 궁궐에서 임금님께서 비상사태를 선포하시고 군대를 불러 모을 때 부는 나팔이다. 천아성 소리가 무려 세 번이나 들렸다.

"큰일 났다. 임금님의 명으로 천아성을 불면 군사가 궁궐에 집결하고 한양의 사대문을 다 닫아버리는데."

그 소리에 노상추는 잠이 확 깼다. 그는 일어나서 선비에게 물었다.

"마, 그라면 과거 시험은 우예 되능교?"

"사대문이 다 걸어 잠겨서 통행이 금지됐으니 아무래도 무과 시험이 제대로 치러질 수 없을 듯하오. 시관들이나 거자들이나 모두 도성 안팎에 흩어져 있을 텐데 문이 잠겼으니 오도 가도 못할 것 아니오. 쯧쯧!"
"머라꼬요? 지는 아직 화살도 한 번 몬 쐈는데!"
이 추운 겨울에 비바람을 뚫고 거금을 써가며 오백 리 길을 걸어와 차례만 기다리고 있었는데 이렇게 끝나다니! 이럴 수가! 노상추는 억울하고 분한 마음에 밤새 뜬눈으로 새우고 다음 날 아침 일찍 모화관으로 달려갔다. 모화관 대문에는 방이 붙었는데 무과 시험을 중단한다고 쓰여 있었고 언제 재개한다는 말은 없었다. 노상추는 힘이 쭉 빠졌다. 이게 무슨 꼴인가.
"이래 시험이 끝나기야 하겠노? 마, 며칠 기다려 보자."
아직 시험을 치지 않은 화경이 말했다. 모화관에서 걸어 나오는데 무과 시험장 앞에서 선비들이 삼삼오오 모여 하는 소리가 들렸다.
"지금 성 밖의 군사들은 한명도 성안으로 들어가지 못한다고 하오."
"성안에서 무슨 일이 있길래?"
"주상전하께서 군사들을 대기시키고 황경룡을 잡아들여서 친히 국문하고 계시다는데."
"황경룡이 역모라도 꾸민 건가?"
"황경룡은 물론이고 은신군, 은언군의 식구들까지 다 잡아들이셨소. 피바람이 일고 있으니 모두 몸조심들 하시오."
노상추와 일행들은 돈의문 앞에 가봤지만 문은 굳게 잠겨있었다. 하는 수 없이 다시 주막으로 가려는데 골목마다 다리마다 오군영 군사들이 삼엄하게 경계를 서고 있었다. 다리를 지나는데 군관 하나가 일행을 막고 말했다.
"호패를 보이시오."
노상추 일행은 어리둥절해서 말했다.
"무과 시험 치러 온 거자들입니더. 와 그라는데요?"
"어허! 호패를 보이라면 보이시오!"

노상추 일행은 모두 호패를 꺼내서 보여줬다. 호패를 읽고 돌려주면서 군관이 말했다.

"지금 비상시국이니 패패거리로 몰려다니다가 오해받지 말고 숙소에 들어가 나오지 마시오."

"그라면 무과 시험은 우예됩니꺼? 시험은 쳐야 안 됩니꺼?"

노상추가 눈에 핏발을 세우고 말했다.

"시키는 대로 하시오. 황경룡 패거리로 오해받아 모가지 날아가고 싶지 않거든!"

"알겠소"

노상추의 옷자락을 잡아끌며 노중문이 말했다. 노중문이 고개를 꾸벅거리며 나머지 일행을 밀어서 주막으로 갔다. 노상추는 속이 터졌다.

"그래서 과거 시험은 우째 한다는 기고? 한다는 기고, 만다는 기고?"

시험에서 떨어진 중문, 철승, 자익, 명준, 희원은 여유가 만만했고 노상추, 계희, 화경은 속이 탔다. 철승이 말했다.

"마, 성문이 닫혀 있는데 무신 시험을 치겠노. 오늘은 쉬자, 마."

낙방생들은 벌건 대낮부터 술을 부어라 마셔라 했다. 노상추는 못마땅한 표정을 지었다. 나가서 무슨 일인지 확인해 보고 싶었지만 군관 말처럼 괜히 어정대다가 오해받고 싶지 않아 주막에 머물렀다. 다음 날 7일이 돼어 노상추는 궁금함을 못 참아서 주막을 나갔다. 돈의문 앞 사거리에 보니 형틀을 주르륵 놓아두고 죄인들에게 곤장을 치고 있었다. 그 앞에는 군관들, 포졸들, 죄인들, 죄인의 식솔들이 한데 엉켜 아수라장이었다.

'오늘도 글렀구마.'

노상추는 다시 주막으로 돌아와 하루를 더 묵었다. 다음 날이 되자 주모가 대문이 열렸다고 알려줬다. 노상추 일행이 서대문 앞으로 가보니 며칠 오가지 못했던 사람들이 모두 몰려나와 난장판도 그런 난장판이 없었다. 노상추 일행은 도성 안의 숙소로 갔다. 약방 주인 이 선달이 나와서 일행을 맞이했다.
"서대문 밖에서 머물다 오셨소?"
"예, 마, 군관들이 패거리로 몰려다니지 말라카고 도성문이 다 잠겨 가아 주막에 오도가도 몬하고 있었다 아입니까. 오늘에서야 주모가 대문이 열렸다 캐서 들어왔심더."
"무과 시험은 다 치르셨소?"
"우데요? 시험이 중단되가아 상추랑 화경이, 계희는 못 봤심더."
"아, 무과 시험을 치르고 있는 것 같던데!"
노상추는 깜짝 놀랐다.
"예? 그기이 참말입니꺼? 중단한다꼬 모화관 앞에 붙여놨던데요."
"그럼 빨리 가보시오. 내가 들은 바로는 그저께도 시험을 치렀다 하던데."
노상추와 화경, 계희는 모화관으로 죽어라 달려갔다. 매일 확인을 했는데 왜 몰랐을까? 모화관 앞에 가니 무과 시험을 진행하고 있었다. 노상추가 모화관 앞에 시관에게 달려가서 말했다.
"저 선산에서 온 노상추요. 무과 시험이 재개된 줄 모르고 있다가 지금 알았는데 내 차례가 왔능교?"
시관은 천막으로 들어가 서류를 들춰보더니 나와서 말했다.
"노상추는 차례가 이미 지나갔소. 벌써 이틀 전에 지나갔는데 어디서 뭘 하다 이제 나타난 게요?"
"머라꼬요? 지가 이틀 전에 여기 나왔는데 그때……."
노상추가 이틀 전에 서대문 앞에 나왔을 때 멀리서 죄인들이 곤장을 맞는 것을 보고 그냥 들어갔던 것이 기억났다. 그때 분명 모화관 앞에 아무도 없었고 대문에 전날 읽었던 방이 그대로 있어 아직 재개되지 않은 줄 알았다. 아뿔싸! 그날 시험이 재개된 거였구나.

"이틀 전에 훈련대장이 나오셔서 무과 시험을 치렀소. 거자가 모화관 앞에서 항시 대기를 하고 있어야지 어디서 술이나 퍼마시고 있으니 시험이 어떻게 돌아가는지도 몰랐던 것 아니오."

"하지만 길에 돌아다니지도 못하게 했다 아이요? 그라이 처소에 있다가 나왔는데 우야란 말잉교?"

"어쩔 수 없소. 허나 지금 선비같이 부득이하게 시험을 못친 사람들에게 응시 기회를 다시 줄지 어쩔지 모르겠으니 일단 대기해 보시오."

모화관 앞에는 노상추처럼 시험을 치르지 못한 거자들이 여기저기 모여서 불만을 터뜨렸고 군관들은 그들을 해산시키느라 방망이를 휘둘렀다. 노상추는 머리가 하얗게 됐다. 옆에 있던 계희와 화경이 자기네들 차례를 물었다. 다행히 계희는 곧 차례가 온다며 기다리라고 했다. 화경과 노상추는 난리 통에 시험도 치러보지 못하고 낙방해 버렸다. 계희는 시험장 안으로 들어갔고 화경과 노상추는 터덜터덜 걸어서 숙소로 돌아왔다.

"산 넘고 물 건너 오백 리 길을 거금을 써가며 왔건만. 꼴이 이기이 머꼬."

노상추가 우는 소리를 하자 화경이 말했다.

"상추야, 원래 승패는 병가지상사라 안 하나. 내도 처음 떨어졌을 때는 마 마음이 엄청 괴로븐기라. 그란데 몇 번 떨어지이 마, 다음에 붙으면 되지 싶고 아무렇지도 안하더라."

"그라면 니는 지금 괜찮나?"

"우야겠노? 병가가 패배를 두려워하지 않듯이 거자는 낙방을 두려워해서는 안 된다. 낙방을 밥 먹듯 하더라도 우야노? 과거는 봐야지. 하하하하."

다음날, 노상추는 구제책이 나올까 일말의 기대를 가졌으나 궁궐의 상황은 더욱 혼란으로 빠져들었다. 영의정, 좌의정, 우의정, 대간(臺

諫)³⁾이 죄다 파직되고 봉조하 홍봉한, 어영대장 김시묵은 정배되고 두 왕손은 유배지에서도 쫓겨나 제주도로 안치되었다. 조정의 기능이 멈춰버렸으니 과거 시험은 물 건너간 이야기가 됐다. 결국 함께 올라온 친구들과 노상추는 모두 낙방했다. 쓰라린 마음을 달래려 노상추와 친구들은 도성을 구경다녔다. 목멱산에도 올라가 보고 권세가들이 산다는 북촌에도 가보고 최고의 절경을 자랑한다는 백운동천, 옥류동천도 가봤지만 하나도 흥이 나지 않았다. 하루하루 돈을 쓰고 다니니 이제 돈도 얼마 남지 않았다. 노상추는 임금님께서 거동하신다는 소리를 듣고 한 번이라도 멀리서라도 용안을 뵙고자 쫓아다녔지만 거동하시는 장소가 자꾸 바뀌는 바람에 끝내 뵙지 못했다. 그날 밤 저녁을 먹고 숙소에 누웠는데 동접들은 여전히 신이 나 있었다.

"야야, 내일은 우데 구경 가보꼬?"

노희문이 천연덕스럽게 말했다. 명준이 장난스런 표정으로 말했다.

"아무리 우리가 시골에서 올라온 촌드기라 캐도 말이다, 한양에 온 이상 군칠이집은 함 가봐야 안되나?"

"군칠이집?"

"그래! 술독만 백 개가 넘는다는 그 유명한 군칠이집 말이다. 개장국이 마, 끝내주고 계집은 마, 더 끝내준단다."

"와하하하하⋯⋯."

노상추는 그런 소리를 들으니 화가 났다. 자기 주머니에는 이제 동전 몇 닢 밖에는 없다. 시험도 떨어지고 돈도 떨어졌는데 무슨 수로 군칠인지 나발인지 하는 집엘 간단 말인가.

"느그나 가라. 내는 집에 갈란다."

"와? 같이 가자."

---

3) 대간(臺諫): 감찰 임무를 맡은 대관(臺官)과 국왕에 대한 간쟁(諫諍) 임무를 맡은 간관(諫官)의 합칭.

"돈 없다!"

다음 날 노상추는 혼자 괴나리봇짐을 매고 한양을 떠났다. 고향 생각을 하니 동생이 혼례를 했는지 아내와 자식이 앓던 단독은 어찌 됐는지 아버지는 감기가 나으셨는지 걱정이 밀려들었다. 숭례문을 나서서 집으로 향하는데 발걸음이 천근만근이었다. 돈이 부족해서 손돌이와 말을 돌려보냈더니 이젠 고향까지 오백 리 길을 타박타박 걸어가야 한다. 숭례문을 지나면서 할아버지께 마음으로 인사를 드렸다.

'할부지, 죄송합니더. 못난 자손, 이번엔 이렇게 낙방하고 고향으로 내려갑니더.'

멀리 수문장이 마치 바보 같은 실수를 한 자신을 책망하는 것 같았다. 뒤돌아 고향으로 가는 발걸음을 재촉했다. 올라올 때는 동접들과 으쌰으쌰 하는 분위기에서 신나게 올라왔는데 홀로 내려가는 길은 너무나 처량했다. 2월 11일 한강을 건너 사십 리를 가서 질현점에서 묵었고 12일 아침에 사십 리를 가 용인에 도착하고 아침 먹고 칠십 리를 걸어 주감점에 도착했다. 미투리와 버선을 벗고 보니 발이 부르트고 뒤꿈치가 다 갈라져 피가 나왔다. 13일 새벽 동트기 전 노상추는 발을 꽁꽁 싸매고 다시 길을 나섰다. 걸을 때마다 발의 상처가 계속 찢어지고 벌어져서 찌르는 듯 아팠다. 이럴 줄 알았으면 말을 보내지 말걸! 노상추는 가시밭 위를 걷는 듯한 통증에 눈물이 질금질금 났지만 이를 악물었다. 그리고 삼백 리도 더 떨어진 머나먼 고향집을 향해 고통의 발길을 내딛었다.

3. 용안
1771년 · 신묘년 · 영조 47년 · 2월 · 25세

사람은 왜 태어나는 걸까?

노상추는 의증을 첫째 부인과 첫아들 곁에 묻었다. 이렇게 태어나 죽을 바에야 차라리 태어나지 않는 게 좋지 않았을까. 옆에서 아내는 아무 말이 없었다. 죽음보다 더한 고통 속에서 노상추는 아내가 더 걱정이었다. 자신은 두 번째이지만 아내는 태어나서 처음 당하는 고통이었기에 더 애가 끊었다. 아내는 이런저런 표현을 하지 않았다. 차라리 통곡이라도 하면 좋으련만 시종 말없이 무표정하니 저러다 일 날까 더 무서웠다. 아이를 묻은 후 노비들을 내려보내고 노상추는 아내와 함께 무덤 곁에 한참 앉아 있다가 날이 저물어가자 일어났다.

"내려가자."

노상추는 아내에게 손을 내밀었다. 아내는 노상추의 손이 눈에 보이지 않는 듯 계속 멍한 표정이었다. 노상추는 아내의 손을 잡았다.

"내려가자. 일나라."

노상추가 아내의 손을 잡아 일으키자 아내는 힘없이 일어나다가 휘

청거렸다. 노상추가 아내를 붙들었을 때 아내의 몸이 갈대처럼 휘청였다. 아내는 며칠 동안 아무것도 넘어 삼키지 못했다. 노상추는 아내를 업고 문중산에서 내려왔다. 일곱 살 난 여자아이가 이렇게 가벼울까. 노상추는 아내까지 의증이를 따라갈까 봐 무서웠다.

"산 사람은 살아야 안 되나. 안 넘어가더라도 밥을 먹어야 된데이."

2월 17일 한양에서 내려와 집에 당도했다. 노상추가 대문을 열고 들어가자 완복이가 뛰어나와서 이제 혼례를 할 수 있게 됐다고 기뻐했다. 한양에서 걸어와 전신이 욱신댔지만 이틀 후 노상추는 다 찢어져 피가 질금질금 나는 발을 동여매고 장암으로 가서 동생의 혼례식을 마쳤다. 동생의 처는 기대했던 대로 엄전한 규수라 안심이 됐다. 아버지께서도 감기에서 회복하셔서 다행이었고 아내도 단독에서 나아 그럭저럭 건강을 회복한 편이었는데 문제는 의증이었다. 의증이는 단독에서 낫지 못하고 경기를 일으키다가 2월 28일 끝내 숨지고 말았다. 아내는 의증이를 내려놓지 못하고 계속 안고 있으려 하여 떼어내느라 힘들었다. 의증이를 산에 묻고 아내를 업고 집으로 돌아오는데 노상추의 마음은 그 어떤 말로도 표현할 수 없었다.

"못난 애비 만나 의증이가 고생만 하다 갔구나. 의증아, 미안타. 아빠를 원망하그라."

아이의 죽음이 마치 자기 탓인 것 같았다. 한양에 왜 갔을까? 아들이 단독으로 고통스러워하는데 아들을 돌봤어야지. 붙을 자신도 없으면서 칠래칠래 한양에 가서 화살 한 번 못 쏘고 내려온 자신에게 너무나 화가 났다. 내가 나에게 이렇게 화가 나는데 아내는 얼마나 나를 원망할까. 차라리 아내가 당신 때문에 의증이가 죽었다고 소리라도 질러준다면 속이라도 시원할 것을. 아내는 아무 말도 하지 않았다.

첫째 아들을 그렇게 보내고 두 번째로 얻은 아들마저 이렇게 보내다니 운명이 어찌 이리 가혹할까. 노상추는 아내를 방에 눕히고 이불을 덮어줬다. 아내는 울지도 않고 그냥 멍한 표정만 짓고 있었다. 노상추는 아내의 얼굴을 쓰다듬어주다가 울었다.

"여보, 제발 밥 좀 무라. 으흐흑."

나이 스물다섯에 장가를 두 번이나 가서 아들을 둘이나 낳았지만 젖도 못 떼고 모두 보내버렸다. 두 번째 아내를 맞이하면서 첫 번째 아내에게 일어난 일은 잊으려 했지만 똑같은 일이 다시 벌어지고야 말았다. 내 인생에 마가 낀 것인가. 내 팔자에 독한 흉살이 끼인 걸까. 노상추는 별의별 생각에 시달리며 괴로워서 다음날 외할아버지 제삿날인데도 가보지 못했다. 누구를 만날 힘도 없었다. 형이 죽고 어머니도 돌아가시고 첫째 부인과 첫째 아들까지 보낸 마당에 육년 만에 귀한 아들을 얻었지만 또 잃었다. 내 인생에 이토록 큰 고통을 내리신 하늘의 뜻은 무엇일까? 아무리 생각해도 모르겠다.

"아이는 또 낳으면 된다. 그만 떨쳐내고 일어나그라."

아버지는 노상추를 초당채로 부르셔서 한참을 말없이 바라보다가 그렇게 말했다. 하늘나라로 간 의증이를 두고 하늘이 무너지는 아픔을 느끼는 것이 어찌 자신뿐이겠는가. 대를 이을 손자를 연거푸 하늘나라로 보내고 괴로워하는 아들을 바라봐야 하는 아버지의 심정은 자신보다 더 괴로울 것이다. 아버지를 보니 더욱 기력이 쇠해 보였다. 머리도 더 희어지고 혈색도 하루가 다르게 안 좋아지고 계셨다. 아버지도 이번 일로 큰 타격을 받으신 거다. 노상추는 아버지와 아내를 봐서라도 자기가 힘을 차려야 한다고 생각했다. 대들보가 흔들리면 집 전체가 무너진다.

"지는 괘안심더. 걱정 마십시오, 아부지."

집안 안팎의 대소사가 산적해 있는 마당에 계속 죽은 자식 생각만 할 수는 없었다. 노상추는 아이 얼굴이 떠오를수록 일에 매진했다. 4월이 되어 모내기를 해야되는데 가뭄이 계속 되었고 아직 선산은 덮치지 않았지만 다른 지역에서는 비황(메뚜기떼)이 출몰한다는 소식이 들려왔다. 강가에 있는 보리가 허옇게 말라 갔고 무덤의 풀들마저 말라 갔다. 올해 농사 걱정이 이만저만 아니었다. 다행히 아내는 조금씩 죽을 먹기 시작했다.

"지 걱정은 마이소. 버틸 만합니더."

아내는 노리짱한 안색으로 애써 미소를 지으려 했다. 노상추는 항시 아내와 농사일을 돌보느라 바쁜 와중에도 머릿속에는 지난번 모화관 앞에서 보았던 무과 시험 광경이 떠나지 않았다. 과녁 멀리 떨어지는 편전, 오십 보도 채 날지 못하고 땅에 떨어지는 육량전이 생각났다. 거자들이 구름떼처럼 몰려들기는 하지만 그중에 진짜 실력을 갖춘 이는 몇 되지 않는다. 노상추는 이제 완복이도 관례를 올리고 장가들었으니 믿을 구석이 생겼다. 무과 합격이 눈앞에 있다. 믿을 건 오직 실력, 실력뿐이다. 과녁으로 날아가는 화살은 거짓말을 하지 않는다. 과녁을 맞히면 출셋길이 열린다. 해내야 한다.

"여보, 내가 활터에 가서 며칠씩 머물면서 활쏘기 연습을 해도 되겠나? 당신 혼자 버틸 수 있겠나?"

노상추는 아내에게 물었다. 아내는 미미한 미소를 지으며 고개를 끄덕였다. 첫아들을 잃고 충격에서 벗어나지 못한 아내를 두고 활쏘기 연습에 매진하려니 마음이 아팠다.

"대장부는 집안일에 매이면 안 됩니더."

아내의 말에 힘을 얻어 노상추는 무과 합격을 위해 동접들과 뜻을 함께 하고 돈을 모아 신포 활터 근처에 거처를 얻었다. 4월이 되자 새로 활쏘기 연습에 나온 신참 정유목이 있었는데 활을 가르쳐 줄 선생을 물색해왔다. 이름은 김원종이라고 했다. 어깨너머로만 활을 배운 노상추에게 김원종은 가뭄에 단비 같은 존재였다. 노상추와 동접들은 김원종에게 좋은 활과 화살을 고르는 법에서 시작해서 각궁을 길들이는 법도 배우고 활쏘기의 바른 자세도 배웠다.

"활쏘기 연습을 더 많이 하시야 됩니더. 눈이 오나 비가 오나 활을 매일 백 발 이상은 쏴야 어떤 날씨에도 화살을 정확히 쏠 수 있습니더."

노상추는 이제까지 기본기와 연습량이 부족했다는 걸 알았다. 이제 무과 합격이 눈앞에 보이기 시작했다. 노상추는 있는 힘을 다해 활쏘기에 집중했다. 4월의 어느 날, 정유목이 신참례를 한다며 술과 고기를 가져왔다. 동접들은 모두 모여 앉아 술과 고기를 먹으며 오랜만에 실컷 웃고 떠들어댔다.

"야들아, 느그 뭘 그리 맛있게 묵노?"

소리가 나서 돌아보니 명준이였다.

"아따, 한양에서 얼마나 걸판지게 놀았길래 이제 오나?"

노상추는 과거에 낙방하자마자 내려왔지만 명준은 두 달이나 한양에 머물다 내려왔다.

"비켜봐라. 나도 좀 묵자."

명준은 자리를 차지하고 앉아 부어라 마셔라 하고 술과 고기를 맛있게 먹었다.

"명준아, 그래 두 왕손 전하들은 우예 되셨노?"

노상추가 물었다. 명준은 술잔을 타앙 내려놓으며 말했다.

"말도 마라. 대간들이 두 왕손이 시전 상인들한테 돈을 뜯어가아 초헌을 타고 댕기있다꼬 하는 바람에 주상전하께서 대노하시가아 두 왕손을 제주도로 유배를 보냈다아이가. 그래가아 두 왕손이 제주도꺼정 걸어가싰단다. 그라다 보이 열일곱 살 밖에 안된 은신군께서 도착하자마자 풍토병에 걸리시가아 돌아가시 뿌린기라."

"아, 이 일을 우야노."

노상추는 마음이 아팠다. 사도세자가 그렇게 죽었는데 그 아들 은신군도 그렇게 처참하게 세상을 뜨다니. 세상에 무서운 곳이 조정이구나. 주상전하 앞에서 참람하게도 손자의 잘못을 까발리며 처벌하라고 하라고 하는 그런 독한 권신들이 있을까. 주상께서는 왜 그런 권신들을 벌하지 않으시고 애비를 잃은 자기 손자들을 제주도에 유배를 보내셨을까. 아, 내가 주상전하라면 그렇게 할 수 있을까. 노상추는 자기 자식인 사도세자를 죽이고 은신군까지 죽여야 했던 주상전하의 운명에 깊이 동정했다. 아들을 두 번이나 잃으면서 삶과 죽음을 넘나드는 고통을 겪은 노상추는 인간으로서 임금이 겪어야 했던 고통의 깊이에 몸서리쳤다. 왕이라는 자리는 한낱 필부인 노상추가 상상할 수도 없는 지옥의 밑바닥인 것이다. 나라의 기강은 무엇이고 부모의 정은 무엇일까. 나라의 기강을 바로 세우기 위해서라지만 자기 자식을 죽이고 손자마저 죽음에 이르게 한 것이 과연 국왕이 백성들에게 보여야 할 모습일까. 명준이 고기를 씹으며 말했다.

"은신군께서 제주도에 도착하자마자 죽었다는 소식을 듣고 전하께서 마이 슬퍼하시면서 은언군은 유배에서 풀어주시고 은신군 시신은 한양으로 운구해 오라 카셨다는 기라."

노상추는 그 대목에서 자기도 모르게 눈물이 후두둑 떨어졌다. 친구들은 노상추의 눈물을 보고 모두 말이 없어졌다. 노상추가 아들을 잃은 것을 알기 때문이었다. 명준이 말했다.

"내가 괜한 소리를 했구나."

"아이다. 자, 한잔 받아라."

노상추가 활쏘기에 매진하면서도 며칠에 한 번씩은 꼭 내려와 부지런히 전답을 돌아보고 집안일을 챙겼다. 올해 가뭄의 피해가 극심했다. 5월에는 보리를 타작했는데 그렇게 안 오던 비가 강가의 보리밭에 타작하는 날에는 쏟아부어서 보리 낟알 태반이 물에 젖었다. 그나마 천수답의 보리는 수확도 할 것이 없었고 물을 댄 논의 보리만 겨우 건질 수 있었다. 전답을 돌아다니며 보리타작하는 것을 감독하는데 날이 절절 끓으니 땀이 폭포처럼 흘러내렸다. 노상추가 집에 돌아오니 아내가 방에서 바느질을 하고 있었다.

"몸도 성치 않은데 와 바느질은 하고 그라노. 치아라, 마."

"아입니더. 해야지요."

아내가 바느질을 하고 있는 것을 보니 아기 이불이었다. 노상추는 아내가 정신이 약간 흐려진 건가 생각했다. 아이는 이미 세상을 떴는데 왜 아기 이불을 꺼내 손을 보고 있는 걸까.

"아가 들어선 것 같심더."

아내는 낮은 목소리로 말했다. 노상추는 자기 귀를 의심했다. 아내 앞에 바싹 다가가 물었다.

"아가 들어선 것 같다꼬?"

아내는 아기 이불을 만지며 고개를 끄덕였다. 노상추는 아내를 와락 끌어안았다.

"고맙데이. 고맙데이."

정말 다행한 일이었지만 가슴 한편에 불안감이 도사리고 있었다. 파리한 아내의 안색을 보니 더욱 불안했다.

"과로하지 마라. 이런 일은 아랫것들 시키고 당신은 가만 눕아 있어라. 아를 잘 낳는 기이 중요하지. 그란데에 얼마나 된 것 같노?"

"날짜를 따져 보이 아가 들어선지 한 삼 개월은 된 것 같심더."

"아, 그래? 그라모 마 올겨울에 출산하겠구마."

"마, 그쯤 되지 싶습니더."

"알았다. 알았다. 잘 됐다."

노상추는 들뜨지 않으려 했지만 입꼬리가 솟아오르는 걸 감추지 못했다. 아내도 노상추가 좋아하는 것을 보고 희미하게 웃었다. 이 아이는 무사히 태어나 잘 자라야 할 텐데. 노상추는 아내의 손을 잡고 속으로 천지신명께 빌었다. 제발, 이 아이가 어른으로 성장해서 이 가문을 이끌어가게 해주소서. 너무나 기쁜 소식이었지만 기뻐하기가 두려웠다. 노상추는 아내를 위해 하회에 계신 장인어른을 모셔 왔다. 장인어른께서는 하회집에 도둑이 들어 살림살이를 다 훔쳐 갔다고 하셨다. 도대체 집안 노비들은 뭘 했길래 도둑이 그 많은 살림을 가져가도록 모른단 말인가. 노상추는 너무나 황당했지만 장인어른은 마치 남의 일처럼 말씀하셔서 웃고 말았다.

　장인이 계신 며칠, 집에 머물면서 농사일을 돌봤다. 돌아가신 은신군 이야기가 마음에 남아있었다. 조선을 다스리는 임금이라지만 임금이 인간으로서 감내해야 하는 고통은 조선팔도보다 더 큰 것 같았다. 그러고 보니 임금님의 자취가 있는 물건이 집에 있다는 생각이 들었다. 노상추는 사랑채 다락에 올라가 할아버지의 유품 상자를 열어보았다. 그 안에는 할아버지께서 전라우수사에 임명될 때 임금님으로부터 받은 교지가 있었다. 노상추는 교지를 펼쳤다. 전라우수사는 종2품의 벼슬이다. 임금님의 어보가 찍힌 교지를 읽으면서 노상추는 눈물을 흘렸다. 지금으로부터 약 삼십 년 전 노상추가 태어나기 사 년 전에 할아버지께서는 지금의 주상전하(영조)의 성은을 입어 전라우수사 종2품의 벼슬에 오르셨다. 주상께서는 우리 할아버지를 크게 쓰셔서 상주영장, 박천군수, 어영별장, 전라우수사, 어영별장 등등 많은 관직을 내리셨다. 일체의 관직이 금지된 금고형을 받은 안강 노 씨임에도 불구하고, 보잘것없는 시골 무장임에도 불구하고, 조정에서 세력이 없는 남인임에도 불구하고, 많은 권신이 반대했음에도 불구하고, 금상께서는 할아버지를 알아주셨다. 이 교지를 받았을 때 할아버지의 마음이 어떠했을지 짐작도 할 수 없다. 할아버지는 주상전하의 성은에 공적으로 보답했다. 쇠를 녹이는 정성과 초인적인 노력으로 가는 곳마다 하는 일마다 화려한 공을 쌓았지만 그럴수록 대간들의 탄핵은 거셌다. 조정에 있는 권신들은 할아버지께서 뒷돈을 받았다는 둥, 국고를 마음대로 썼다는 둥 터무니없는 상소를 올려 임금님과 할아버지의 사이를 멀게 만들었다. 할아버지는 조정에서 일어난 일에 대해 말씀하신 적은 없었지만 어린 노상추를 무릎에 앉혀놓고 수문장 시절 남대문을 지키신 이야기를 자주 하셨다. 오랜 관직 생활이 끝나고 집에 칩거하시면서 할아버지는 돌아가시기 전까지 항상 사랑채 누대에 서서 한양 쪽을 하염없이 바라보셨다.

'전하께옵서 하해와 같은 성은을 베풀어주셨으나 내가 불미하여 만분의 일도 보답해 드리지 못했으니 참으로 한스럽구마.'

할아버지는 돌아가시기 직전 자신에게 의관을 정제하게 하신 후 이생에서 마지막 남은 기력을 다 짜내어 임금님을 향해 절을 올리시고 절명하셨다. 할아버지는 세상을 떠나는 마지막 순간에도 임금님만을 생각하셨다. 이 세상 그 어떤 열녀도 할아버지가 임금님을 사랑하신 것만큼 지아비를 사랑할 수는 없다. 할아버지가 평생 마음속 깊이 품고 계셨던 임금님을 향한 마음은 그 무엇보다 절대적이었다. 어린 노상추는 과연 임금님은 어떤 분이실까 궁금했다. 우리 할아버지를 알아주신 임금님은 누구신가.

노상추는 사서삼경과 병법서도 열심히 읽으며 무과 복시도 준비하고 있었지만 문제는 활쏘기였다. 아직 실력이 안정권이라고 할 수 없어 더욱 활쏘기에 전념했다. 날은 점점 뜨거워만 가고 논밭의 작물들은 점점 말라가서 면화는 말라죽을 정도가 되었다. 장인은 열흘 넘게 머무시다가 더운 낮시간을 피해 어두운 새벽녘에 하회 집으로 돌아가셨다. 아내는 힘든 임신 기간에 잘 버티고 있었다. 노상추는 신포 활터 숙소에 머물면서 별다른 일이 없는 한 활쏘기에 전념했다. 목전(木箭)[4]으로는 200보 이상 쏴야하고 철전(鐵箭)[5]은 80보 이상이다. 편전(片箭)[6]은 130보 떨어져 있는 과녁을 맞혀야 한다. 멀리 쏘기는 점점 자신이 붙

---

4) 목전(木箭): 무과의 초시와 복시 때 시험용으로 쓰던 나무로 만든 화살.
5) 철전(鐵箭): 여기에서는 육량전으로 무게가 6냥에 이르는 무거운 화살.
6) 편전(片箭): 일반 화살인 장전(長箭)에 비해 길이가 매우 짧은 화살

었지만 역시 가벼운 화살인 편전, 유엽전(柳葉箭)[7]으로 과녁을 맞히는 것은 어려웠다. 노상추와 친구들은 서로 활쏘는 자세를 잡아주고 조언하며 활쏘기를 연습했다. 지난번 과거 시험에서는 비록 화살 한 번 쏴 보지 못했지만 아직 합격선에 들 만큼은 아니었다는 건 분명했다. 빠른 시일 내에 실력이 붙도록 활터에 살다시피 하며 연습에 몰두했다.

7월이 되어 집에 와 할아버지 기일에 제사를 지냈고 친척들의 소상, 대상을 다니느라 바빴다. 그 와중에 첫째 부인의 아버지인 율리 장인어른이 돌아가셔서 궤연 앞에서 곡을 했다. 비록 사람일이 이렇게 되어 인연이 다했다지만 장인어른과 처남들을 대하는 노상추의 마음은 첫째 부인이 살아있을 때와 다르지 않았다. 오히려 돌아가신 장인어른의 궤연을 보니 더욱 슬펐고 율리의 처남들이 친형제처럼 느껴졌다. 끊어진 인연이라 하더라도 마음은 날이 갈수록 깊어지니 서로 간에 정도 그렇다. 농사일은 더욱 한심해서 물을 대는 논에서는 벼가 살아있었지만 천수답의 벼는 아예 수확을 포기해야 할 것 같다. 집으로 돌아와 완복이와 함께 저녁을 먹었다.

"오는 27일에 선산 부사가 기우제를 지낸다 카더라."

"선산 부사가 정신이 우예 된 기이 아이가? 여름 다 가뿌고 논밭에 콩이야, 벼야 다 말라 죽었는데 지금 와서 기우제를 지내면 머하노?"

"그래도 저번에 포폄(褒貶)[8]을 보이 그 부사가 임금의 뜻을 받들어 잘 다스리고 백성의 소망에 거의 부응하였다 카면서 고과를 '상'을 받았더라."

"백성의 소망에 부응했다꼬? 기우제를 여름 다 지나간 년에 지내는 얼빠진 인사가 무신 백성의 소망에 부응하노? 참말로 어이가 없데이."

---

7) 유엽전(柳葉箭): 무과 시험 종목의 하나로 촉이 버드나무잎처럼 생김.

8) 포폄(褒貶): 관료의 근무성적을 평가한 뒤, 그 결과에 따라 포상이나 징계를 행하는 것

밥상을 계단이가 밥상을 내어 간 후 참외를 내어 왔다. 완복이는 참외를 먹으며 말했다.

"형님, 노수가 요 몇 년 종중 모임에서 족보에 자기 이름 앞에 있는 '서'자를 빼달라 카면서 안 빼주모 족보 발행에 드는 돈을 안 내놓겠다고 버팅겨 왔다 안하나."

"하늘이 두 쪽이 나도 노수 그 놈이 해달라 카는 대로 하면 안된데이. 아무리 요즘 조정에서 서얼 허통이니 통청이니 캐 싸도 궁궐에서 당파 싸움할 때나 하는 이야기지 적서 구분이 엄연한 나라에서 말이 되나?"

"그란데 이번에 발행한 족보에서 노수 앞에 '서'자를 빼줬단다."

"머라꼬?"

노상추는 머리에서 불이 확 붙는 것 같았다.

"종중 어른들이 우째 그럴 수 있노? 돈 몇 푼에 서얼 자슥을 양반 만들어줬다 이기가?"

노상추는 할아버지 돈을 가로챈 도둑놈이 그 돈으로 안강 노씨 종중을 손안에 놓고 굴려 먹는다고 생각하니 비통하기 그지없었다.

"그래, 그라모 이제 우리 집 족보에는 서얼이란 서얼은 싹 다아 양반 만들어 줘야겠구마. 서얼이 노수 하나뿐이가? 이제 돈 몇 푼만 가져와서 바꿔달라꼬 하면 다 바꿔줘야 할 거 아이가? 이래 가다가는 가문이 문을 닫는다, 문을 닫아."

"우야겠노. 임금님도 서자 출신이라가아 서자들 편이라 카든데."

"임금님이 무슨 서자고? 임금님은 임금님이다."

노상추는 자기를 생각해서 훈수를 두는 척하며 자기의 아둔함을 비웃었던 노수의 그 끈적한 웃음이 떠올라 치를 떨었다. 그 서얼 자식이 돈을 앞세워 종중을 농락한다 생각하니 더욱 화가 났고 아무 대책도 못 세우는 양반의 무기력함에 더욱 화가 났다. 밖에서 소리가 들려 나가보니 술증이와 희증이가 아버지의 서실에서 공부하고 집으로 들어오고 있었다. 노상추가 사랑채 마루로 나가 두 조카를 맞이했다.
"술증이, 희증이 왔나!"
"아, 숙부님 오셨습니꺼!"
"들어온나."
술증이와 희증이는 사랑채로 들어와 숙부에게 절을 올렸다. 술증이도 이제 나이가 열여섯이니 장가갈 나이가 되었다. 희증이도 요즘 사략을 읽고 있다.
"올여름 노명언 훈장님에게 지도받으며 사서삼경을 익히고 있다꼬 들었다. 열심히 하고 있느냐?"
"예!"
두 조카는 올 여름 친척인 노명언을 훈장님으로 해서 아버지의 서실에서 동네 학생들과 함께 사서삼경을 공부했다. 명언이 형은 전라도에 살던 먼 친척인데 9년 전에 노수가 서당을 세우면서 초빙해 왔다. 당시 서당계를 만들어 안강 노 씨의 자손들에게 학문을 가르치고 곡식을 모아 주기로 했는데 노수는 몇 년 후 명언이 형이 마음에 안들었는지 다른 선생을 찾아가 서당계는 파투가 나고 명언 형은 동네에 남아 여기저기 훈장질을 하며 연명하고 있었다. 노상추는 그런 형을 위해서 아버지의 서실에 동네 아이들을 모아주고 두 조카를 함께 공부시켰다. 지난해 자기가 두 조카를 직접 가르치려 했지만 중이 제 머리 못 깎는다고 역시 핏줄은 가르칠 수가 없었다. 또 자신은 과거 준비에 몰두해야 해서 조카들 공부까지는 도저히 봐줄 수가 없었다. 술증이는 이제 나이가 들어 어느덧 장가를 가야 할 때가 되었다. 이제 이 집안에는 성인 남자가 아버지와 자기 외에 완복이, 술증이까지 있다고 생각하니 마음이 든든했다. 술증이와 희증이는 귀한 자손이었다. 아이가 태어나 죽지 않고 온갖 병마를 이겨내며 이렇게 성장하기가 얼마나 힘든가. 노상추는 이 두 자손을 낳아주고 길러준 형수에게 고마운 마음이 들었다. 첫째 아들이 죽지 않고 자랐으면 일곱 살이 됐을 것이다. 그 아들이 살아서 여기 앉아 있다면, 나를 아버지로 불러줄 그 아들이 살아있다면, 얼마나 좋을까.

"술증이는 벌써 상투를 틀 나이가 됐구나. 이제 관례도 올리고 혼례도 올려야 하니 더욱 마음가짐을 단정히 하고 학문에 힘써 가장이 될 준비를 하그라."

"예, 숙부님."

8월에는 유난히 크고 작은 일이 많았다. 율리 장인어른의 장례식 때는 축시[9]에 하관을 하는데 비가 퍼붓듯이 내려 묘소의 물을 퍼내며 하관을 하는 바람에 고생이 이루 말할 수 없었다. 또 노비 분업이가 죽어 손돌이에게 묻게 지시했고 선영의 묘에 성묘하러 갔더니 동네 사람들이 구미에서 호랑이가 출몰해서 아이 하나를 물었는데 아이가 생명이 위태롭다고 했다. 몇 년 전에 본 그 호랑이 같은 놈인가 생각하니 모골이 송연해졌다. 가을에 접어들자 추수가 시작됐다. 가뭄에 시달려 벼고 콩이고 보리고 다 말라버렸으니 수확은 기대할 것이 못 됐다. 신포에서 활을 쏘면서도 논밭에 추수할 날이 오면 내려와 작인들과 노비들이 타작하는 것을 감독했다. 10월 들어 노상추는 집에 머무르며 수확한 곡식을 곳간에 들여놓고 있었는데 초사흘 되는 아침, 명준이 집 어린 남종이 왔다.

"나으리, 주인어른께서 이 편지를 갖다드리라 캐서 왔심더."

"니 주인은 지금 우데 계시노?"

"한양으로 떠나셨을 껍니더."

"머라꼬?"

---

[9] 축시: 밤1시-3시

편지를 읽어보니 명준이가 서둘러 한양으로 떠난다며 정시(庭試)[10]가 발표됐는데 이달 9일이니 서둘러 오라는 전갈이었다.

"아뿔싸! 오늘이 3일이니 큰일 났구마!"

노상추는 남종에게 곧 따라가겠다고 답장을 써서 보낸 후 바로 떠날 수가 없어서 아버지께 인사드리러 신기 집에 달려갔다.

"야야, 한양이 우데라꼬 엿새밖에 안 남았는데 떠난다 카노."

아버지께서 말씀하셨다.

"갈 수 있심더. 하루에 백 리씩 걸어가면 닷새면 갑니더."

"하루에 백 리를 우예 가겠노. 많이 걸어야 칠, 팔십 리다. 한양에 당도해서 녹명까지 할라카면 아무리 빨리 간다 캐도 열흘은 필요한데 니가 홍길동이도 아인데 갈 수 있겠나?"

"갈 수 있습니더. 지 동접들도 지금 막 떠났심더."

"그라믄 마 조심해서 댕기오그라."

3일에는 어른들께 인사를 올리느라 떠나지 못하고 4일 새벽 손돌이를 데리고 말을 타고 출발하여 신포에서 정봉신을 만나 함께 백 리를 가서 상주에서 잤다. 다음 날 비바람이 몰아치는 데에도 오십석령을 넘어 괴산까지 팔십 리를 갔다. 6일에는 닭 울기 전에 길을 떠나 이십여 리를 걸어 음성 당동점에 도착했는데 여기서 3일 전에 떠난 명준이 일행을 만났다. 노상추는 봉신과 명준, 그리고 다른 일행 두 명과 함께 부지런히 오십 리를 더 가서 돌원점에 도착해서야 아침밥을 먹었다. 밥을 먹은 후 바로 일어서자 명준이 말했다.

"상추야, 니는 백 년 묵은 산삼을 삶아 묵았나, 천 년 묵은 구렁이를 삶아 묵었나? 팔십 리를 걸었 디만 안 지치나? 좀 쉬었다 가자."

"일나라. 쉬어도 한양 가서 쉬자."

---

10) 정시(庭試): 조선후기 궁궐 안마당에서 치던 시험으로 경사가 있을 때 이를 축하하기 위해 열렸던 부정기적 과거 시험.

"아, 쪼매만 쉬자."
"퍼뜩 일나라!"

명준과 다른 일행들은 노상추의 채근에 버티지 못하고 일어나 걷기 시작했다. 노상추도 하루에 근 백 리를 가다보니 아무리 말을 탔지만 힘들었다. 칠십 리를 걸어 양지 좌지원점에 도착했을 때 모두 주막의 툇마루에 뻗어 누워버렸다. 손돌이도 발에서 피가 난다고 징징댔다. 밥을 먹고 노상추가 다시 일어나라고 채근했다. 명준이는 아예 눈을 감고 말했다.

"내는 죽었으면 죽었지 이제는 몬 간다."

노상추는 한숨을 쉬고 말에서 내렸다.

"명준아, 니가 내 말을 타라. 그라면 가겠나?"

명준이는 노상추의 말에 눈을 번쩍 떴다.

"진작 그럴 것이지. 히히히."

명준이 말을 타고 노상추는 걸어서 팔십 리를 걸어갔을 즈음엔 다리에 힘이 풀려 속도를 낼 수 없었다. 명준이가 말에서 내리고 다른 친구들이 나눠가며 말을 타고 갔다. 노상추는 친구들에게 말을 양보하고 남은 거리는 걸어갔다. 달이 뜨고 날이 저물었지만 주막에도 들지 않고 조금씩 쉬어가며 계속 걸었다. 밤새 사십여 리를 더 걸어 용인 열원점에 도착해서 아침을 먹었다. 그리고 칠십여 리를 더 걸어가 한강 사평점에 도착했다. 사평점에는 한강을 건너 도성으로 들어가려는 거자들로 꽉 차 있었다. 전부 노상추처럼 불시에 시행하는 정시를 보러 헐레벌떡 달려와 지친 모습이었다. 경기도나 충청도에서 올라온 사람들은 그래도 쌩쌩해 보였는데 멀리 경상도나 전라도 끝에서 올라온 사람들은 탈진한 표정이었다. 노상추도 말을 친구들에게 내주고 이백 리 길을 걸어와서 그런지 온몸이 쑤시고 아팠다. 다음 날 8일 동이 트기 전 한강 나루를 건너 도성 안으로 들어와 바로 녹명소로 갔다. 녹명소는 다음 날이 과거날인지라 거자들로 터져나갔다. 노상추는 일행과 녹명을 하고 나오니 저녁이었다. 노상추는 태묘동에 있는 일행의 지인 집에 거처를 잡아 짐을 풀었다. 저녁밥을 먹고 활과 화살을 점검한 후 잠자리에 바로 들었다. 손가락 까딱할 힘도 없었다. 닷새 만에 한양에 도착하느라 하루에 백 리를 왔고 마지막 이백 리는 말도 못 타고 걸어오는 바람에 체력이 완전히 바닥났다. 날짜에 맞춰 오긴 했지만 무리긴 무리였다. 노상추는 내일 일을 걱정하기도 전에 잠에 빠졌다.

시험 날, 노상추는 모화관 앞에서 차례를 기다렸다. 활과 화살은 별문제가 없었지만 팔과 다리에 힘이 없었다. 활을 당겨보니 기력이 딸려서 그런지 다리가 후들거리고 팔이 떨렸다. 시험관이 노상추 이름을 불렀고 모화관 안으로 들어갔다. 이번 시험에도 저번처럼 시험 과목은 육량전은 130보 이상 쏴야 하고 유엽전은 세 발 이상 과녁을 맞혀야 한다. 시험관이 나와서 설명했다.

"시험 보는 곳은 두 곳인데 먼저 육량전을 세 발 쏘고 자리를 옮겨 유엽전을 세 번 쏜다. 육량전은 50보 이하는 탈락, 130보이상 넘어가는 거리를 점수로 주고, 유엽전은 백 보 밖에서 과녁을 맞혀야 한다. 알겠나?"

"예!"

노상추는 긴장을 풀려고 했지만 심장이 마구 뛰었다. 주변을 돌아보니 모두 상기된 표정으로 씩씩대고 있었다. 먼저 육량전 시험부터 봤다. 노상추 손에 있는 육량전을 들어보았다. 여섯 냥이나 나가는 육량전에 사십 근이나 나가는 활 무게가 오늘따라 더 무겁게 느껴졌다. 올 이월에는 열하루에 걸쳐 올라왔는데 이번에는 겨우 닷새 만에 올라오느라 몸에 많은 무리가 있었다. 잘할 수 있을까? 세 명씩 한 조가 되어 시험이 진행되었다. 앞에 열이 끝나고 노상추의 차례가 되었다. 활을 시위에 걸고 당기는데 역시 다리가 떨리고 팔이 후들거렸다. 노상추는 활을 내려놓은 후 숨을 가다듬었다. 앞에 서 있던 시험관이 날카로운 눈으로 노상추를 노려봤다. 빨리 쏘라는 뜻이었다. 노상추는 이를 악물고 활을 들고 육량전을 쐈다.

"51보!"

멀리 서 있던 시험관이 소리쳤다. 노상추는 눈을 질끈 감았다. 다시 쏘았다.

"55보!"

아, 고향에서 연습할 땐 100보 넘게 쏜 적도 많고 보통 70보는 쐈는데 왜 이러지? 노상추는 마지막으로 안간힘을 다해 쐈다.

"80보!"

간신히 탈락은 면하고 다음 유엽전 시험으로 넘어갔다. 육량전 시험에서 너무 팔을 써서 그런지 팔이 더 떨렸다. 유엽전 시험장으로 갔다. 앉아서 차례를 기다리고 있는데 어깨가 아파왔다. 육량전에서 온몸에 힘을 너무 줬는지 경련이 났다. 팔을 주물렀지만 잘 풀리지 않고 점점 더 아파왔다. 노상추의 차례가 됐다. 노상추는 과녁을 향해 떨리는 팔로 화살을 날렸다. 첫 번째 화살은 과녁을 맞혔다. 하지만 두 번째, 세 번째 화살은 과녁을 맞히지 못했다.

"불통!"

낙방이 확정되고 노상추는 터덜터덜 모화관을 나왔다. 모화관 밖에서 차례를 기다리던 명준이와 화경이가 불렀다.

"상추야!"

노상추는 명준이를 보고 고개를 저었다. 명준이는 고개를 끄덕이며 위로의 손짓을 보냈다. 노상추는 온몸에 힘이 빠져 혼자 터덜거리며 숙소로 돌아왔다. 다음 날까지 무과 초시가 진행됐는데 합격한 이는 다름 아닌 신참 정유목이었다.

"축하하네."

노상추는 웃으며 말했다. 모두 떨떠름한 표정이었다. 역시 관운이 있는 사람은 따로 있나 보다. 수십 년 준비해온 거자들을 제치고 처음 시험에 응시한 신참 정유목이 초시에 합격했다. 명준이 말했다.

"야, 우리 동접 중에 유목이가 붙었는데 유목이가 회시까지 다 보고 결과 나올 때까지 모두 뜻을 같이하여 한양에 머물자. 같은 고향 사람들끼리 힘을 모아줘야 된다 아이가."

"고맙심더."

명준의 말에 유목이 눈물을 글썽이며 말했다. 노상추도 비록 자기는 떨어졌지만 유목이는 선산을 위해 꼭 붙기를 바랬다. 명준이가 쾌활하게 말했다.

"상추야, 그라면 마 우리 내일부터 머하꼬?"

"낙방한 거자가 하긴 뭘 하노?"

"이 신나는 한양 바닥에서 할 일이 와 없노? 닌 하고 싶은 거 없나?"

노상추가 하고 싶은 건 딱 한 가지 있었다. 그것은 용안을 뵙는 것이다. 꿈에 뵈었던 임금님을 한 번이라도 뵙고 싶었다.

"임금님 행차하시는 거 한번 보고 싶다."

"임금님 행차? 임금님 행차하는 데 갔다가는 사람들 발에 밟히 죽는다. 그라지 마고 내랑 같이 군칠이네 가자."

"군칠이고 땡칠이고 과거에 낙방한 이 마당에 무슨 기운으로 그란 데를 가노?"

"니 참말로 군칠이네 안 갈래? 내 정인이 군칠이네서 개 삶아 놓고 기다리고 있는데."

"정인?"

"그래에. 옥련이가 내를 얼마나 기다리고 있다꼬."

"말도 없어가아 내 말 빌려 타고 온 놈이 군칠이네 집 갈 돈은 있나?"

"말은 없어도 옥련이는 있아야 된다 아이가."

"에라이 쓸개 빠진 인사야."

사실 노상추가 바로 낙향한다 해도 말릴 사람은 없었다. 노상추가 정유목이 회시 결과가 나오기까지 동접들과 함께 한 이유는 따로 있었다. 22일 임금님의 행차가 있다는 이야기를 들은 터였다. 노상추는 용안을 꼭 뵙고 싶었다. 팔순을 바라보는 임금님이시니 살아계실 때 꼭 한번 뵙고 싶었다. 지난 오십년 동안 조선을 다스리신 군왕의 모습은 어떨까? 꿈에서 여러 번 뵀지만 꿈을 깨고 나면 얼굴이 잊혀졌다.

동접들이 한양의 명승지를 보거나 유명한 기생집 문 앞을 힐끗거리고 다닐 때 노상추는 주로 거처에 머물면서 여독을 풀었다. 22일 인시에 노상추는 광화문 앞으로 가 임금님의 대가 행렬을 기다렸다. 이번 행차는 전주에 임금님의 조상이신 이한의 묘역을 능으로 조성하고 묘우를 건립했는데 그 묘우에 들어가는 위판을 보내는 예식이다.

가을이지만 이른 아침이라 서리가 내려 추웠다. 묘시 무렵, 북소리와 함께 대취타의 힘찬 음악이 울려 퍼졌고 광화문이 열렸다. 광화문 앞 육조 거리에서 부복하여 기다리고 있던 노상추는 가슴이 떨렸다. 어가 행렬이 천천히 나왔다. 무장한 선상대장과 군병들이 걸어 나왔고 그 뒤로 화려한 교룡기, 기치들, 의장물, 힘찬 풍악을 연주하는 악대가 나왔다. 그 뒤로 임금님이 타신 가마, 연이 나왔다. 노상추는 연을 보니 가슴이 뛰었다. 어가 뒤로 천 명에 이르는 문무백관이 줄지어 따랐다. 참으로 장엄한 광경이었다. 노상추는 옆 골목길로 빠져 날쌔게 뛰어 남대문을 빠져나가 서빙고 나루까지 갔다. 서빙고 나루 주변은 임금님의 행차를 구경하려는 백성들로 인산인해였다. 나루에는 어가가 머물 장소가 미리 마련되어 있었는데 노상추는 그 옆에 작은 언덕 꼭대기로 올라가 어가가 오기를 기다렸다. 나루에는 배가 옆으로 연결되어 있는 누선이 한강을 가로지르고 있어 예조 관리들의 행렬이 걸어서 한강을 건널 수 있게 만들어져 있었는데 그 모습 또한 장관이었다. 얼마 후 어가 행렬이 도착했다. 드디어 연의 문이 열리고 주상께서 내리셔서 누선이 바라보이는 대에 오르셨다. 아, 노상추의 심장이 요동쳤다. 팔순의 고령이신데도 불구하고 서리가 내린 아침에 풍차나 휘항 같은 감싸개도 하지 않으셨는데 추운 기색이 없으셨다. 위패 행렬은 나루 앞에서 의식을 거행하고 주상전하께 절을 올린 후 천천히 누선 위를 걸어갔다. 주상께서는 행렬이 누선을 지나 한강을 건너 과천현으로 접어들어 보이지 않게 될 때까지 꼿꼿하게 서 계셨다. 행사는 오후 넘어까지 진행되어 고령의 주상께서 지치실 만도 한데 시종일관 조금도 흐트러짐이 없었다. 그 건건한 모습에서 하늘을 찌를 듯한 기상이 느껴졌다. 아, 기상이 훌륭하시구나. 기상이 훌륭하시구나! 차가운 서리와 추운 강바람을 물리치시는구나. 군왕의 모습은 노상추가 예상한 모든 것을 뛰어넘었다. 조상을 높이 받드는 모습은 효의 모범을 보여주고 있었고 거센 강바람에도 아랑곳하지 않는 모습은 백성의 하늘로서 굳건하게 존재함을 보여주고 있었다. 팔순 고령의 군왕은 젊은 노상추에게 삶의 고통은 감내해야 하고 굳건하게 존재하여 내일을 열어야 함을 몸소 보여주고 있었다. 노상추는 마음속으로 크게 외쳤다.

  '할부지요, 저분이 할부지께서 목숨을 바쳤던 그 분 아이십니꺼. 할부지께서 세상을 떠나는 순간 사력을 다해 절을 올리셨던 그 분 아이십니꺼. 할부지를 알아주신 그분이 저기 계십니더. 만백성의 아부지이신 군왕께서 하늘같이 서 계십니더.'

4. 하늘의 뜻

1771년 · 신묘년 · 영조 47년 · 8월 · 26세

　신묘년 정시가 끝나고 결과가 발표되었다. 정유목이 무과 회시에서 떨어지는 바람에 동접들은 모두 낙방했다. 노상추는 동접들과 함께 방목(합격자 명단)을 살펴보았는데 문과 장원 이하 15등까지는 모두 옥당과 명사의 자식이었고 20등까지는 모두 한양 도성 안에 사는 자들이었다.

　"여봐라, 여봐! 한양에 사는 권문세가들 자식들이 문과 합격자 33명 중에 15등까지 죄 차지하고 있고 20등까지는 죄 한양 도성 안에 사는 자들이니 우리 겉은 시골 촌뜨기들은 암만 용을 써봤자 헛짓이다! 오백 리나 떨어져 사이 마 과거날이 발표가 되도 날짜에 맞춰 올 수가 있나 시험에 머가 나오는지 즈그끼리 쏙닥쏙닥 해가아 미리 답을 다 짜놓고 있으이 좋은 성적을 받을 수가 있나. 시험을 치면 머하노? 붙을 놈은 다 정해놨는데. 맨날천날 과거 시험에서 병풍 노릇만 하고 있으이 참말로 피눈물이 난데이."

　명준이 울분에 차서 말했다. 노상추도 과거 시험 결과를 보고 현실의

높은 벽을 다시 한번 깨달았다. 정유목이 말했다.

"그래도 선산에 사는 엄구의 둘째 아들, 사헌이가 15등에 올랐다 아입니꺼. 참말로 난놈이구마요. 에휴, 지는 언제 저 방목에 이름 한 번 올려보겠십니꺼?"

정명준이 말했다.

"유목이 니는 이제 한 번 떨어졌으면서 뭘 그라노? 열 번 넘게 떨어진 내도 있는데."

"될 듯 될 듯 하면서 안되이 미칠 노릇이제. 초시 붙으면 복시 떨어지고, 이제 복시만 되면 된다고 좋아하다가 다음번에 초시 치면 또 떨어져 뿌고. 마, 안 되겠다 싶어 때려치아뿌렀다가도 또 생각나가아 다시 치러 오고 마, 이래싸뿌면 머리가 허예질 때까지 과거만 치다가 관에 들어가뿌린다꼬. 그라는 사람이 마 한둘이가!"

화경이 울분을 터뜨리며 말했다. 그 때 노상추가 눈을 감고 읊었다.

"맹자 왈, 天將降大任於斯人也 (천장강대임어시인야), 하늘이 장차 이 사람에게 큰일을 맡기려 하면 必先勞其心志 (필선고기심지), 반드시 먼저 그가 마음의 뜻을 세우기까지 괴로움을 주고, 苦其筋骨 (노기근골), 그 육신을 피곤케 하며, 餓其體膚 (아기체부), 그 몸을 굶주리게 하고, 窮乏其身 (궁핍기신), 그 몸을 궁핍하게 한다. 行拂亂其所爲 (행불란기소위), 그가 하려는 바를 힘들게 하고 어지럽게 하는 것은 是故動心忍性 (시고동심인성), 마음을 쓰는 중에도 흔들리지 않을 참된 성품을 기르고, 增益其所不能 (증익기소불능), 불가능하다던 일도 능히 해낼 수 있도록 키우기 위함이다. 우리는 장차 하늘의 큰 소임을 맡을 동량들이니 모두 흔들리지 말고 정진하여라."

동접들은 난데없는 노상추의 맹자 타령에 어이없는 얼굴이었다. 정명준이 눈을 흘기며 말했다.
"지랄용천한다, 미친놈!"
노상추는 비록 낙방의 쓴잔을 마셨지만 꿈에 그리던 용안을 뵈옵고 마음에 더욱 큰 희망을 품었다. 동접들과 낙향길에 오르며 실력을 갈고닦아 떳떳하게 임금님 앞에 서는 사람이 되리라 굳게 결심했다. 태산이 아무리 높다 하더라도 쉬지 않고 올라 넘어가리라. 오는 길에 명준이네 집 노비로 있다가 면천된 후 어물 장사로 돈을 많이 번 김성민의 집에서 대접받으며 맛있는 자반 고등어와 말린 오징어를 배터지게 먹고 기분이 좋았다. 고향이 한나절 길 정도 남았을 때 노상추는 근처에 인척인 황석기가 산다는 게 생각났다. 동접들을 데리고 석기형님네 집에 잠시 들러 점심을 얻어먹고 가기로 했다.
"상추 왔나?"
석기 형님은 마침 집에 있었고 친절하게 맞아주었다.
"석기형, 잘 계싰능교? 우리 동접들이랑 점심 좀 묵고 가도 되겠능교?"
"하모! 들어오그라."
형수님이 뒤뜰 채마밭에서 나오셔서 인사하시고 평상에 큰 자리를 펴주셨다. 두 계집종이 밥을 짓고 상에 반찬을 올리며 부산하게 준비했다.
"과거 시험은 우예 됐노?"
"떨어졌지예."
"아, 그랬드나."
석기 형님 얼굴이 웃고 있었지만 왠지 어두워 보였다. 형수님과 여종들이 마루에 밥과 된장과 나물을 차려주셔서 친구들과 왁자지껄하게 밥을 먹었다. 노상추는 형수님에게 고맙다고 인사를 했지만 형수님은 왠지 고개를 숙이고 대답을 하는 체, 마는 체하며 부엌으로 들어가 버렸다. 노상추는 형님댁에 무슨 일이 있는 게 아닐까 해서 밥을 먹고 바로 일어났다.

"형님, 점심 잘 묵었십니더. 고맙심더. 가보께예."

동접들이 모두 허리를 굽혀 인사했다.

"폐가 많았습니더. 감사합니더."

"아이고, 우데예! 아입니더. 다음번에는 꼭 합격하시소."

노상추가 동접들과 떠나려고 하는데 형님이 주저하시다가 말을 꺼냈다.

"상추야, 니 내 잠깐 보고 가라."

"아, 느그 먼저 가고 있거라. 내 금방 가끼구마."

동접들이 먼저 길을 나서고 노상추는 형에게 다가갔다. 형이 뭔가 부탁할 일이 있나 생각했다.

"와요? 무슨 일이 있으십니꺼?"

"저기, 저기 말이다……."

"와 그라능교?"

"니 소식 아직 몬 들었나?"

소식이라는 말에 마음이 철렁했다.

"무슨 소식이요?"

노상추가 물었다. 석기형은 쩔쩔매면서 말을 이어갔다.

"올해 하회에 돌림병이 돌아가아……."

온몸이 휘청했다. 하회라면…….

"느그 매제 류항조가 지난 24일에 세상을 떴다. 내는 어제 초상집에 댕기왔다."

아! 이게 무슨 청천벽력인가. 시퍼렇게 살아있던 매제가 세상을 뜨다니 어떻게 그런 일이 있을 수 있단 말인가. 그렇게 젊고 똑똑하고 청아한 선비인 류항조가 세상을 뜨다니. 황석기가 전한 소식은 말 그대로 날벼락이 되어 노상추를 내리쳤다. 가슴이 너무나 뛰어서 도저히 진정할 수 없었다. 노상추가 충격을 받는 모습을 보고 석기형이 쉬었다가 가라고 했지만 노상추는 그대로 집으로 내달았다. 친구들이 같이 가주겠다는 것도 물리치고 노상추는 혼자 집으로 달려갔다. 집에 도착하니 형수는 노상추를 보고 눈물만 흘렸다. 아버지는 초당채에서 누워계셨다. 아버지는 노상추를 보고 말했다.

"하늘의 뜻이 무엇일꼬? 이런 시련을 내리시는 하늘의 뜻이 도대체 뭘꼬?"

아버지는 뒤로 누우시고 흐느끼셨다. 노상추는 아버지를 위로해 드릴 말을 아무리 하려 해도 생각나지 않았다. 효명이가 잘 살기를 얼마나 바랬던가. 효명이가 아들을 낳고 돌잔치를 하고 아이가 젖을 떼었을 때 얼마나 기뻤던가. 자식도 많이 낳고 행복하기를 얼마나 바랐던가. 효명이 아들 희준이는 이제 네 살이다. 안락한 복을 바라는 순진한 인간에게 하늘은 언제나 그 무서운 뜻을 드러낸다.

아내는 한양으로 떠날 때보다 훨씬 몸이 무거워져 있었다. 아내는 만삭의 몸으로 출산을 준비하고 있는데 표정이 많이 어두웠다. 노상추는 아내의 손을 꼭 잡고 말했다.

"이제 곧 출산인데 이런저런 소리에 다 귀 막고 태어날 아아 생각만 하그라. 아아 생각만 해야 된데이. 알았나?"

"예, 그란데……."

"뭐?, 뭐꼬?"

"하회에 가시거든 우리 집도 한번 들여다보고 와주이소."

"와?"

"아부지도 편찮다 카십니더."

다음 날 노상추는 무거운 마음으로 효명이의 집으로 갔다. 대문 밖에서도 효명이의 창자를 찢는 듯한 통곡 소리가 들려서 눈물을 주체할 수가 없었다. 효명이는 노상추를 보고 달려 나왔다.
"오빠요, 오빠요, 내는 우예 살아야 되노? 우예 살아야 되노, 으어어억!"
노상추는 효명이의 어깨를 잡고 같이 울며 말했다.
"으흐흐흑, 희준이가 안 있나. 희준이 보고 살아라. 희준이……."
노상추는 초상을 치르고 다음 날 처가에 들렀다. 장인어른 병환도 심상치 않았다. 하회 마을에 돌림병이 돌고 있었다. 장인어른은 아내의 안부를 묻지 못했다. 열이 높고 정신도 혼미한 상태였다. 아내는 장인의 병세가 이렇게 위중하다는 것은 모르고 있다. 장모께서는 아내가 출산을 마칠 때까지는 장인의 병환에 대해 자세히 말하지 않는 것이 좋겠다고 했다. 처가에서 나오는데 손돌이가 노상추에게 왔다. 노상추는 자기를 찾아온 손돌의 얼굴을 보고 또 보고 좋지 않은 소식임을 알았다.
"지금 도개 집으로 가시랍니더."
"와?"
"지금 작은 도련님께서 도개 집에 누워계십니더."
노상추는 그 자리에서 서둘러 완복이에게 갔다. 완복이도 열이 오르고 기침을 심하게 했다. 노상추는 노비를 시켜 의원에게 약을 지어오게 했다. 그날 아버지에게 전갈이 왔는데 도개 집에 머물면서 완복이를 간호하라고 하셨다. 돌림병이 돌아 하회에 다녀온 몸으로 임산부가 있는 집으로 오면 안 된다고 하셨다. 이제 곧 아내가 출산해야 하는데 가보지도 못하다니 애가 끓었다. 하지만 집에는 형수가 있고 전부터 도와주던 산파와 유모가 있으니 잘할 것으로 믿었다. 완복이의 병은 좀처럼 좋아지지 않았다. 완복이도 매제를 따라갈까 봐 두려웠다. 완복이는 이제 초례를 올렸고 장암에 신부가 있다. 아직 신부를 집에 데려오지도 못했는데 이렇게 병에 걸려버리니 걱정으로 가슴이 조였다.
"그럴 일은 없다. 그럴 일은 없다."

불길한 생각이 들 때마다 노상추는 고개를 가로저으며 부인했다. 불안한 생각을 좇아서는 안된다. 이 병은 나을 것이다. 완복이는 기침을 너무 심하게 하는 바람에 밥도 잘 못 먹었고 약을 먹은 것을 자꾸 토했다.

"무야 된다. 힘들어도 토하지 마고 버텨라."

완복이는 눈을 들어 노상추를 바라보며 고개를 끄덕였다.

"일나야 된데이. 알제?"

노상추가 눈을 부릅뜨고 완복이에게 말했다. 완복이도 살아야 한다는 의지가 눈에서 빛났다. 노상추는 장암에 있는 완복의 신부에게 전갈해 오라고 했다. 완복의 처는 삼촌과 함께 완복에게 왔다. 12월이 되었다. 완복이는 아직 병에서 낫지 못하고 있었고 노상추도 제수씨와 함께 동생을 돌보고 있었다. 출산이 임박한 아내 때문에 애가 타도 집에 가보지도 못하고 있었는데 노윤이 도개 집으로 왔다.

"상추야, 니 아들 낳았데이. 아주 똘망똘망하다!"

"참말잉교? 애미는요?"

"질부도 괘안타. 미역국도 잘 묵고 정신도 말짱하다. 느그 형수가 잘 돌봐주고 있다."

노상추는 눈물이 났다. 형수가 아내를 돌봐주고 있다니 얼마나 고마웠는지 모른다. 형수는 얼마나 고마운 사람인가. 술증이와 희증이를 낳아주고 길러주며 우리 집안을 위해 희생하며 산다고 생각하니 고마워서 목이 멨다. 이제까지 형수에게 고마워하며 살지 못했다. 형수를 부양하느라 힘든 자신만 생각하고 형수가 하늘만 쳐다보며 한숨 짓는 것을 못마땅하게 생각했는데 효명이가 저렇게 되고 보니 이제까지 자신이 형수에게 얼마나 잘못하고 있었는지 알게 됐다. 노상추는 효명이가 시댁에서 청상으로 살면서 형수처럼 초라한 모습으로 구박이라도 받을까 하는 생각만으로도 가슴이 저며왔다. 상것들이야 팔자를 두 번을 고치든 세 번을 고치든 배만 맞으면 자기들 멋대로 산다지만 반가의 여인들은 일부종사가 숙명이거늘 어찌 팔자를 고칠 생각을 하겠는가. 죽으나 사나 시댁 귀신으로 살아야 하는데 그나마 아들이라도 여럿 있으면 큰소리치고 살 수 있지만 남편이 자식을 남기지 않고 죽는다면 그야말로 시댁에서는 밥이나 축내는 구박덩어리가 되는 것이다. 그래서 시댁 형편이 좋지 않거나 인색한 시어머니 같으면 며느리에게 죽은 지아비를 따라 열녀의 길을 가도록 강요하여 자의 반, 타의 반으로 목숨을 끊는 반가의 여인들이 한둘이 아니다. 노상추는 길가에 있는 열녀비를 볼 때마다 남의 집 열녀가 장하다고 했는데 그 일이 내 여동생에게 닥친다 생각하니 등골이 오싹했다. 효명이를 시집보내면서부터 항상 마음이 조마조마했다. 효명이가 어떻게 살아야 할까. 좋게 생각해서 시댁에서 딸처럼 효명이를 아껴준다 해도 효명이는 이제 스물셋, 피가 끓어오르는 나이다. 죽을 때까지 독수공방하며 수절과부로 살아야 한다. 효명이가 살 길은 단 하나다. 아들 희준이가 잘 자라 입신양명하는 것, 오로지 그것밖엔 없다. 그렇게 된다면 시댁에 그래도 자리를 잡고 살아갈 수 있을 것이고 나중에 아들의 효도라도 받아 청상의 세월을 보상받을 수 있을 것이다. 하지만 이제 겨우 네 살인 희준이가 건강하게 장성할 수 있을까. 노상추의 큰형도 둘째형도 어린 나이에 요절했다. 만에 하나 희준이가 요절이라도 한다 치면 시댁에서 효명이를 거둬줄 것인가? 효명이 시댁이 지금처럼 경제적으로 안정되게 계속 살 수 있을지도 알 수 없는 일이다. 집안 사정이 어려워진다면 어떻게 될까? 지금이야 시어른들이 살아계시니 며느리를 보살펴준다지만 과연 시어른들이 돌아가시면 류씨 형제들이 효명이를 부양할까? 땅이라도 한자락 줘서 먹고살게 해줄까? 희준이가 죽고 시어른들도 다 돌아가시게 된다면 효명이는 이 세상 아무 곳도 의탁할 데 없는 신세가 된다. 형제들끼리 재산 싸움이라도 벌어진다면 효명이는 오갈 데 없는 처지가 될 것이다. 저잣거리에 있는 팔뚝집이 생각났다. 몰락한 양반 집안 여인이 생계를 꾸려가기 위해 술을 파는데 손님에게 얼굴을 보이지 않으려 부엌에서 손으로 술만 내놓고 돈을 받아 술 파는 여인의 팔뚝만 볼 수 있다고 해서 팔뚝집이라고 했다. 노상추는 친구들과 팔뚝집에 가서 술을 마시며 술 파는 주제에 양반은 무슨 썩어빠진 양반이냐며 욕을 했었다. 그런데 효명이가 그렇게 될지도 모른다 생각하니 팔이 떨렸다. 아, 이 일을 어쩌면 좋으랴. 이 일을 어쩌면 좋으랴. 내가 이렇게 가슴 아픈데 아버지는 오죽하실까. 아버지는 어쩌랴. 아버지는 지금 무슨 생각을 하고 계실까.

"상추야, 아아 이름 지어야지. 뭘로 하꼬?"

"생각해 둔 이름이 있습니더."

"뭔데?"

"봉증입니더."

"봉증이?"

"예. 봉황 봉(鳳)자에 돌림 자 증(曾)자를 써서 봉증이라꼬 할낍니더."

"그래! 봉증이! 이름 참 조오타!"

"신묘, 신축, 경오, 계미! 봉증이 사주다."

노상추는 봉증이의 사주를 일기에 써두고 윤이 아재에게 아내에게 줄 편지를 써서 봉증이라는 이름으로 정했다고 알려줬다. 완복의 병은 쉬이 낫지 않았고 노상추는 의원을 찾아다니며 약을 구해와 제수씨에게 줬다. 제수씨는 새댁이었지만 집안일이나 병구완을 잘하여 적잖이 안심됐다. 노상추는 약을 구하러 다니다가 장에서 좋은 말을 보고 큰 맘 먹고 샀다. 앞으로 한양을 오가야 하고 말을 타고 활을 쏘는 기추(騎芻) [11]시험을 보려면 좋은 말이 필요하다. 마음에 드는 말을 사고 보니 기분이 좋아졌다. 매제 일부터 일련의 흉사를 치러내다 보니 몸과 마

---

11) 기추(騎芻): 20보(步) 간격으로 세워 놓은 짚 인형 다섯 개를 말을 타고 달리면서 활로 쏘아 맞히게 하던 무과 시험 과목.

음이 지쳐갔다. 명준이와 화경이가 문병을 와서 아우를 위로해 주고는 함께 신포에 가서 활쏘기를 연습하자고 했다.

"니 연습을 그래 안 하면 다음 과거 몬 본데이. 가자. 같이 가서 활쏘기 연습해야지."

노상추는 동접들과 함께 신포에 가서 다시 활쏘기 연습을 시작했다. 근 한 달 만에 다시 활을 잡으니 억눌렸던 가슴이 열렸다. 과녁에 명중하는 화살 소리를 들으며 노상추는 그간 겪었던 슬픔을 쏟아냈다.

"상추야, 니 오늘 집에 가지 마고 여기서 자면서 우리랑 같이 연습하자."

"좋다! 내도 그럴 생각이다."

하루 종일 활 연습을 하고 저녁을 먹으러 가려는데 멀리서 남종 넷이 말 한 필을 이끌고 오는 것이 보였다. 얼굴이 익다 싶었는데 가까이 와 보니 하회 장인댁의 하인들이었다.

"주인 나리께서 돌아가셨십니더. 모시오라 캐서 왔심더."

노상추는 활을 내려놓고 아내에게 편지를 보내 장인어른의 부고를 알렸고 아내에게는 아직 삼칠일이 지나지도 않았으니 집에 있으라고 했다. 노상추는 하회 처가에 가서 초상을 치렀다. 노상추는 자신을 항상 따뜻하게 대해주고 농담을 잘 하셨던 장인과 짧았던 인연을 생각했다. 만나고 헤어짐이 눈 깜짝할 사이였다. 노상추는 아내가 장인의 죽음으로 상심하여 몸과 마음이 상할까 제일 걱정이었다. 자나 깨나 봉증이 생각이었지만 아직 돌림병 때문에 가보지도 못했다. 두 아들을 보내고 얻은 자식이라 더욱 두려워서 조심 또 조심했다.

신묘년의 연말은 가뭄으로 인한 흉작과 돌림병에 더욱 마을 분위기는 어수선했다. 완복은 다행히도 더 나빠지지 않아 노상추는 크게 안심했다. 부디 더 이상 돌림병에 걸리는 사람이 없기를 바랐다. 돌로 가슴을 누르는 것같은 압박감을 느꼈지만 이겨내야 한다. 이제 더 이상의 희생자는 나오지 않을 것이다. 새해 임진년은 집에서 봉증이와 아내와 함께 맞이했다. 혹시라도 아이에게 해가 갈라 집에 온 후 며칠을 사랑채에 혼자 머물고 난 후에야 아이를 처음 안아보았다. 꼬물대는 아이를 보고 노상추는 참으로 행복했지만 두려운 마음에 티를 내지 않으려 했다. 너무 행복하면 꼭 마가 낀다. 짐짓 무덤덤한 척하며 아내에게 말했다.

"그간 고생이 많았소. 아직 마음이 마이 아프제?"

아내는 언제나 그렇듯 그저 고개만 끄덕였다.

"이제 장인어른 발인할 때는 갈 수 있지 않겠나. 너무 마음 아파하지 마라. 이제 한 달 된 아를 데꼬 우델 가겠노."

"글치요."

임진년 새해가 밝았다. 봉증이가 태어나 맞는 첫 설날 노상추는 아들과 함께 한 설날이라 더욱 기뻤다. 동생은 아내가 옆에 있어 많은 힘을 얻었는지 기력을 회복했다. 아버지는 관례를 올릴 때 완복이의 이름을 억이라고 바꿨지만 억이라는 그 이름 때문에 자꾸 병이 드는 것 같다고 하시면서 용한 역술가에게 상근이라는 이름과 영중이라는 자를 받았다. 아버지께서 말씀하셨다.

"상근이가 더 낫제?"

"하모요. 억보다 상근이가 백 배는 좋심더. 완복이가 안 그래도 와 저래 아프꼬 걱정이 많았는데 이제 좋은 이름 받았으이 대운이 트이겠네요."

설날 아침 차례를 지내고 별묘에 가서 제사에 참석했고 정초에 친인척들을 찾아뵙고 인사를 두루 드렸다. 그리고 신포에 들러 활쏘기 친구들을 만났다.

"상추야, 올봄에 또 정시가 열린다 아이가. 우리가 의논했는데 저번처럼 발표 날짜가 임박해가아 올라가모 고생은 고생대로 하고 낙방은 또 낙방대로 한다 아이가. 그라이 먼저 한양에 올라가서 정시 발표가 나기를 기다리기로 했다. 그래서 모두 이 달 17일에 한양으로 가기로 했는데 니도 갈래?"

노상추는 마음은 굴뚝 같았지만 동생이 지금 병에서 깨끗이 나은 것도 아니고 효명이 일로 충격을 받으신 아버지께서 기력이 쇠하신 것도 있고 젖먹이 봉증이도 있고 매제와 장인 발인도 잡혀있고 해서 장기간 한양에 머무를 수가 없었다.

"내야 지금이라도 일어나서 가고 싶지마는 지금 우리 집이 워낙 이래가아 이번은 우째할지 모르겠다, 마."

"가자. 그란 거 저란 거 다 따지면 평생 집에만 처박혀 있어야 된데이."

"활쏘기 연습을 게을리하면 이제까지 한 것도 다 날아가 뿐다. 과거를 보든 안 보든 활쏘기 연습을 꾸준히 해라."

노상추 동접들은 1월 17일에 모두 한양으로 떠났다. 노상추는 혼자 신포의 활터에 나가 연습을 했는데 왁자지껄하게 웃고 떠들던 친구들이 없으니 활 쏘는 것도 서글퍼졌다. 그래도 시간이 나는 대로 나가서 하루에 50번이나 100번 정도 활을 쐈다. 연초에 홍진휴 생원이 집을 짓는데 돈이 필요하다며 면화밭을 팔겠다고 해서 개령에 있는 논 여섯 마지기를 팔아 받은 125냥을 줬다. 그런데 아버지께서 면화밭을 둘러보시고 오시더니 문기에 나와있는 내용과 실제 밭이 많이 다르다며 무르라고 하셨다. 홍 생원은 다른 밭을 주겠다고 했지만 노상추는 말과 행동이 다른 홍 생원에게 이미 신뢰를 잃어 더 거래를 하고 싶지 않았고 다행히 돈을 내줬다. 아버지께서 효명이 일로 누워만 계시다가 면화밭 일을 들으시고 일어나셔서 거동하시는 것을 보고 그래도 안심이 됐다. 아버지는 매일 아침저녁으로 안채에 들러 꼬물거리는 아이를 한 번씩 안아주셨다. 새로 태어난 손자를 보시며 딸의 흉사로 무너진 마음에 위로를 얻으셨다.

"내 하회에 댕기올란다."

아버지께서 말씀하셨다.

"아부지, 하회는 지금 돌림병이 돈다 안합니꺼? 가시지 마이소."

"효명이도 보고 효명이 시댁 어른들도 위로해 드려야지. 또 니 장인 초상도 문상해야지, 이래 있으면 안된다."

"산 사람이 중요합니더. 가시지 마이소. 지금 가실 때가 아입니더."

"아이다. 아무리 그캐도 사위 초상에 다녀와야지. 이래 있으면 되나."

아무리 말려도 아버지는 결심이 굳으셨다. 노상추는 아버지가 왜 가신다고 하는지 안다. 아버지는 효명이의 안부를 직접 확인하시고 청상이 된 딸에게 살아갈 힘을 주고 싶으신 거다. 또 직접 문상하시는 것으로 효명이 시댁 식구들에게 효명이 뒤에 친정이 있다는 것을 보여주고 싶으신 거다. 아버지는 마음은 그렇게 먹으셨지만 기력이 딸려 좀처럼 결단을 내리지 못하시다가 2월 11일에 하회에 가셨다. 떠나시는 날 차가운 비가 왔다.

"아부지, 제가 다녀오께요. 아부지는 집에 계시소."

"아이다. 내가 가야 된다. 그라고 니는 술증이 혼처를 구해보그라. 올 봄에는 술증이도 장가를 보내야 된데이."

2월의 차가운 비가 내리는데 떠나시는 모습을 보며 걱정이 많았지만 다음 날 전갈이 와 아버지께서 하회 동생의 집에 잘 도착하셨다고 했다. 노상추는 술증의 혼사를 주변 사람들과 동네에 돌아다니는 중매쟁이에게 말해뒀다. 노상추는 비록 친구들이 모두 떠나 빈 활터였지만 혼자 열심히 연습했다. 새로 활쏘기를 하겠다는 상민 몇 명이 와서 활연습을 하나 싶었는데 자기들끼리 치고받고 싸우더니 며칠 만에 그만둬버렸다.

"쯧쯧, 그라이 상놈밖에 안되지. 상놈은 눈앞에 이익만 좇지 뭘 꾸준히 하는 법이 없다. 수양은 양반만이 할 수 있는 기이지."

노상추는 올 초에 열리는 과거는 못 봤지만 다음에 열릴 과거를 위해 궁인을 찾아가 화살도 새로 길들이고 연습용 활과 시험용 활을 새로 장만했다.

"지난 시험에서 육량전을 쏠 때 활과 화살이 너무 무거워서 어깨를 다친 것 같데이. 육량궁을 될 수 있는 대로 가볍게 만들어 주고 활대가 너무 뻣뻣하이 길도 좀 들여주게."

"예, 나으리."

노상추는 화살도 편전, 죽전, 목전, 철전 등 다양하게 준비했다.

"나으리, 이만하면 무과 장원급제는 따놓은 당상입니더."

궁인은 손질한 활과 화살들을 보고 자랑스러워하며 말했다.

"수고했데이."

힘이 넘치는 새 말과 잘 손질된 활과 화살이 준비됐다. 이제 열심히 연습하면 올가을 겨울에 열리는 과거에 급제해서 아버지의 얼굴에 웃음꽃이 피게 해 드릴 수 있다. 노상추는 연습에 매진했다. 농사일이 시작되면 바빠서 활 연습할 시간에 적어질 것이다. 농사일이 한가한 1, 2월에 노상추는 매일 활터에 나가 살다시피 하며 활을 쏘았다. 아버지께서는 하회에서 무사히 돌아오셨다.

2월에는 관아에서 상민 집이건 양반 집이건 할 것 없이 모두 부역을 시켜 무래면에 있는 강변에 보(洑)[12]를 설치하게 했다. 노상추 집에서도 노비들을 보내 부역의 의무를 행하느라 노비들이 성질을 부렸다. 선산 수령이 간악한 아전의 말만 듣고 흉년에 이런 일을 벌여 안 그래도 굶주려 살기 힘든 백성들의 원성이 자자해 온 마을이 시끄러웠다. 드디어 술증이의 혼처를 풍산의 남사섭의 여식으로 결정하고 사주를 보냈다.

"남씨 어른은 돌아가신 율리 장인의 동서이십니더. 참말로 인연이

---

12) 보(洑): 둑을 쌓아 흐르는 냇물을 막고 그 물을 담아 두는 곳.

신기하네요."

"그래 말이다."

아버지께서 말씀하셨다.

노상추는 첫째 부인의 집안과 술증이가 다시 혼인을 맺게 되는 것을 보고 신기한 생각이 들었다. 첫째 부인은 비록 떠났지만 인연은 계속되는 것일까. 첫째 부인이 저승에서도 자신을 지켜보고 있는 것 같았다.

노상추는 활터에 나가 매일 활쏘기에 매진했는데 사람들이 많이 찾아왔다. 문과 공부를 하고 있으나 무과로 전향하고 싶다고 하소연하는 청년도 있었고 고남의 정곤 척장님이 지나가시다가 노상추를 보고 반가워서 앉아 강변에 자기 마음대로 농사를 짓거나 나무를 베어가는 일이 있으면 관아에 고발을 하라고 신신당부하고 가셨다. 며칠 후엔 과거를 보러간 동접들이 내려왔는데 모두 허탈한 표정이었다.

"상추 니 안 가기를 잘했다. 올봄에는 마 정시가 없단다."

"와 없노?"

"올해는 기로과(耆老科)로 해가아 환갑을 넘긴 노인들만 응시할 수 있단다. 내 참 어이가 없어서."

명준이는 잔뜩 짜증이 난 얼굴이었다.

"그래가아 우예 됐노?"

"60살 이상 된 백발 노인들만 과거를 봐 가아 네 명이 합격했는데 네 명 전부 승지 벼슬을 받았단다."

"승지? 와, 대단하네."

"마, 살날이 얼마 안 남은 노인들이니까네 밑에서부터 올라갈 시간이 없다 아이가. 그라이 마 승지부터 시켜주는 기이지."

"참말로 별노무 꼬라지도 다 본다아. 시상에 그런 과거 시험도 있나."

"임금님께서 특별히 지시하신 거란다. 우리는 마 기를 쓰고 올라가아 또 허탕만 치고 니리왔다. 넌 우예 알고 그래 안 갔노?"

"내 눈은 천리안이다 안하나. 내는 마 감이 팍 오더라! 하하하"

친구들이 노인들에게 밀려 과거도 못 보고 내려와 씩씩대는 모습이 우스워서 모처럼 큰 소리로 웃고 떠들었다. 친구들은 노상추가 새로 산 활과 화살, 말을 보고 모두 부러워했다.

"상추야, 니 우리 없는 사이에 활이랑 화살 싹 개비했구마."

"와, 이 활 당겨 봐라. 마, 쥑이네."

"상추야, 니 말도 샀나? 아따, 고놈 잘 생겼네."

"상추가 과거 시험 붙을라꼬 아주 작정을 했구마. 작정을 했어."

노상추는 동접들과 오랜만에 술 한 잔 마시고 필승을 다짐하며 기분 좋게 집으로 돌아왔다. 그런데 대문으로 들어오자마자 형수가 뛰어나왔다.

"삼촌요, 삼촌요, 지금 오십니꺼?"

"와 나와 계십니꺼?"

"아버님께서 쓰러지셨습니더."

임진년 3월 아버지는 옆구리가 칼로 찌르는 듯 아프다고 하시며 자리에 누우셨다. 노상추는 활과 화살을 던져버리고 의원에게 뛰어갔다. 노상추는 아버지가 하회 마을에 가시는 걸 끝까지 말리지 못한 것을 후회했다.

"담습증입니더."

전광렬 의원이 아버지를 진찰하신 후 약을 처방하고 갔다. 노상추가 아버지 약을 달이고 있는데 집에 상근이가 제수씨와 함께 왔다. 동생은 제수씨와 함께 아버지를 문병했다.

"상근아, 니 이제 얼굴 혈색도 좋고 건강해 뷔네. 제수씨, 참말로 고맙심데이. 아무렴, 형보다야 아내가 백번 낫지."

"아이다. 형님 내 간호하느라꼬 진짜 욕봤데이. 참말로 고맙다. 그란데 아부지께서 이래 편찮으셔가 마음이 마이 아프다."

"걱정 마라. 아부지 털고 일나신다. 니도 이래 잘 나왔다 아이가."

건강해진 상근이를 보며 노상추는 아버지도 상근이처럼 회복하실 거라 믿었다. 상근(완복)은 새 이름을 받고 새 사람과 인연을 맺어 병을 이겨냈다. 상근은 처를 데리고 처가에 인사를 올리러 갔다.

아버지는 병중에도 술증의 혼사를 독려하셨고 노상추는 남사섭 어른과 편지를 주고 받으며 혼사일을 4월 20일로 정했다. 아버지는 약을 드셨지만 차도가 없었다. 노상추는 다른 의원을 찾아가 약을 지어 아버지께 달여드렸지만 역시 별 소용이 없었다.

4월 8일에는 하회에 내려가 매제의 묘를 썼고 다음 날에는 장인의 묘를 썼다. 또 4월 15일에는 술증의 친구들과 친척 어른들을 몇 분 모시고 간략하게 술증의 관례를 올려 상투를 틀었고 정엽이라는 새 이름을 받았다. 19일에는 정엽(술증)을 데리고 초행길에 나서 풍산 남사섭의 집으로 떠났다. 사모관대를 차려입은 정엽(술증)을 보니 마음이 아팠다. 아버지 병환이 아니었다면 혼례에 더 많은 공을 들였을 텐데 그러지 못해 정엽이에게 미안했다. 남사섭의 집에 도착하여 신부를 만나고 보니 과연 신부의 얼굴에 죽은 첫째 부인의 얼굴이 뚜렷하게 있었다. 정환의 신부는 죽은 첫째 부인과 이종사촌 지간이다. 노상추는 정엽의 혼례를 지켜보며 마치 자기가 다시 결혼하는 것 같은 느낌이 들었다. 첫째 부인과 어쩜 저렇게 닮았을까. 인연의 세계는 한낱 미물에 불과한 인간이 이해하기엔 너무나 광대하고 심오한 세계였다. 노상추는 혼례식이 끝나자마자 일직이라는 동네로 가 이춘보 의원을 만나 아버지의 증세를 설명했다.

"한산증(寒疝症)입니더. 가미반총산(加味蟠蔥散)을 지어 드리겠심더."

노상추는 약을 스무 첩을 지어왔다. 지극정성으로 아버지께 달여드렸지만 효험은 없었다. 정엽이 초행에서 돌아왔다. 노상추는 형수와 함께 정엽의 절을 받았다. 형이 살아서 이 절을 받았으면 얼마나 좋았을까. 형수는 환하게 웃고 있었지만 얼굴에 깊이 팬 주름과 눈가의 기미가 청상의 쓰라린 세월을 보여주고 있었다. 정엽은 혼인을 하고 신부가 마음에 들었던지 연신 싱글벙글하였다.

"장가가이 좋나? 얼굴이 보름달 겉다."

"남들 다 가는 장가, 좋기는 뭐가 좋겠십니꺼. 이히히히……."

아버지는 초행을 마치고 온 정엽을 보고 마음이 놓인다고 하셨다. 5월이 되어 날씨가 뜨거워졌다. 노상추는 아버지 병세에 차도가 없어 초조한 마음에 한번에 의원을 두 명이나 모셔와 아버지를 진찰하게 하고 침도 놓고 뜸도 떴다. 약도 새로 지어 집 여기저기에서 여종들과 아내와 형수가 약을 달였다. 그러다 5월 14일 사랑채 부엌에서 약을 달이다가 옆에 쌓아둔 장작에 불이 붙는 바람에 행랑채 10칸이 타버렸다. 다행히 사랑채와 안채는 괜찮아 십년감수했다. 노상추는 정엽에게 관아에 문기를 올려 가마니 300여 립을 받아오라고 했다. 정엽은 관아에 문기를 올렸지만 내려온 것은 겨우 15립이어서 노상추는 인색한 수령에게 분통이 터졌다. 행랑채의 지붕이 타버린 것을 수리하느라 아버지를 돌보느라 모내기 하느라 노상추는 매일 메뚜기처럼 이리 뛰고 저리 뛰었다. 종들은 지붕이 없는 방에서 비바람을 그대로 맞고 산다고 온종일 궁시렁대서 마음이 편한 순간이 없었다. 노상추는 공인들에게 기와와 벽돌을 주문하고 일꾼들을 불러 집안에 공사를 했는데 그 와중에 어느 날에는 비가 억쑤로 퍼부어 흙이 다 떠내려갔다. 모내기로 바쁜 와중에 관아에서는 백일장이 열려 노명언 형에게 희증이를 데리고 가 백일장에 참가하도록 했다.

약을 그렇게 썼지만 아버지의 통증은 점점 심해졌다. 이젠 옆구리가 아니라 가슴에 찌르는 듯한 통증이 있다고 하셔서 다시 의원을 부르고 약을 지었다. 6월이 되자 아버지는 통증이 심해 식사를 못 하셨다. 어떻게든 약을 드시게 해봤지만 모조리 토해내셨는데 토하신 것을 보니 보름 전에 약으로 드셨던 씨앗이 그대로 있었다. 진지를 드시지 못하고 약도 소화가 안되니 병세는 하루가 다르게 나빠졌다. 노상추는 그래도 희망을 놓지 않고 아버지께 약을 한 숟갈이라도 더 드시게 하려고 노력했다. 하지만 아버지도 노상추도 알았다. 아버지가 돌아올 수 없는 길을 떠나고 계시다는 것을. 큰형이 죽었을 때부터 아버지는 마음이 많이 약해졌다. 어머니의 죽음, 새어머니의 죽음을 연달아 겪으셨고 젖먹이 딸과 손자도 둘이나 보내시면서 더욱 약해지셨고 이번 사위의 죽음으로 효명이가 청상이 된 것이 치명타가 됐다. 돌림병이 도는 하회에 효명이를 만나러 떠나실 때 아버지는 마음을 먹으셨는지도 모른다.

8일 아버지께서는 모두 다 부르라고 하셨다. 노상추는 급히 동생 상근, 상근의 처, 여동생 효명과 조카 희준, 형수와 정엽, 정엽의 신부, 희증이, 서재종숙 윤이 삼촌까지 모두 불렀다. 다음 날 효명이가 희준이와 함께 집에 도착했고 정엽의 신부가 남사섭 어른과 함께 집에 도착했다. 효명이는 대문에 들어오면서부터 눈물을 철철 흘리고 있었다. 노상추는 아버지에게 깨끗한 옷을 입혀드렸다. 아버지는 마지막 힘을 내어 자리에서 일어나셨다. 아버지는 정엽과 신부의 절을 받으시고 흡족해하셨다. 신부를 보고 말씀하셨다.

"사람이 굳세어서 믿을만하다."

아버지는 남사섭 어른도 맞이하시고 정엽을 잘 부탁한다고 하셨다. 병세가 위중함을 보시고 남사섭 어른은 도개 집으로 모셨다. 그날 저녁 아버지 방에 노상추의 식구가 다 모였다. 아버지는 옆으로 누우셔서 식구들을 둘러보셨고 아내가 안고 있는 봉증이를 한참 바라보셨다.

"이제 나도 떠날 때가 왔으니 잘 들어라. 김산, 개령, 두 곳의 논은 너희 숙질들이 농사를 지어 이곳에서 나는 곡식으로 선조의 제사와 묘사를 빠뜨리지 말고 지내라."

"예!"

"완복아."

"예, 아부지, 흑흑흑."

아버지는 완복이를 바라보고 말씀하셨다.

"니한테는 내가 더 재산을 만들어 줄라 캤는데 일이 이렇게 되고 보이 줄 것이 얼마 없구마. 도개의 면화밭이랑 공수포에 있는 밭 삼십 마지기를 가지거라."

"아부지이, 으흑흑."

상근이가 흐느꼈다.

"효명아!"

"아부지, 여기 있심더. 말씀하이소."

"신기 입석전 삼십 마지기, 일선이 짓는 논 일곱 마지기, 부귀가 짓는 논 다섯 마지기, 만선이 짓는 면화밭을 가지라. 희준이가 있다. 무슨 일이 있어도, 마음 굳게 묵고 살아야 된데이. 살아야 되는 기라……."

"예, 아부지, 으흑흑."

아버지는 꺼져가는 의식을 붙잡아가면서 마지막 남은 힘을 다 끌어모아 말씀하셨다.

"상추야."

아버지는 노상추에게 손을 내미셨다. 노상추는 아버지의 손을 잡았다. 더운 날씨에도 아버지의 손은 차가웠다. 비록 뜨거운 피도 돌지 못하는 죽어가는 육체였지만 아버지는 아들의 손을 꽉 잡았다.

"예."

"니가 과거 보러 다닐라 카면 쓸 곳이 많겠지만 나눠 줄 기이 없으이 우야겠노. 부귀가 짓는 면화밭을 니가 갖거라. 집은 네게 줄테이 지금처럼 살아라. 완복이, 정엽이 살 집은 니가 터를 정해서 지어주도록 해라. 니가 맡은 소임이 크다."

아버지는 숨쉬기가 불편하신 듯 크게 숨을 들이마시고 천천히 내뱉으셨다. 그리고 울고 있는 노상추의 손을 더 꽉 쥐었다. 아버지의 눈에는 아들을 향한 사랑과 이별의 아픔, 자신이 졌던 무거운 짐을 물려받는 아들에 대한 안타까움으로 가득했다.

"니가…… 활을 잡았는데, 내가…… 가는구나. 상중이라도…… 활을 놓지 말그라. 반드시…… 성취해래이."

아버지 손이 풀려갔다. 마지막이었다.

"노력…… 하그라."

5. 다시 시작

1774년 · 갑오년 · 영조 50년 · 28세

갑오년 7월에 노상추는 동접들과 함께 한양으로 향하고 있었다. 정명준. 정화경, 고백륜, 김익채 이렇게 네 명의 친구와 그들의 종과 함께 출발했는데 출발한 지 얼마지 않아 모두 뭘 잘못 먹었는지 주막에서 설사와 구토를 심하게 하는 바람에 김익채는 결국 과거를 포기하고 집으로 돌아가 버렸다. 아직 과거 시험을 보려면 시일이 남은 탓에 주막도 한가했고 한강을 건널 때 나루터도 한가했다. 한강을 건널 때 나룻배 사공이 노를 저으며 말했다.

"이번 과거보러 한양 도성으로 들어가는 사람들은 나으리들이 처음입니다요. 저기 계시는 나으리께서는 상중이이신 것 같은데 과거를 보러 가십니까요?"

"상중에 우예 과거를 보러 다니겠노. 도성 안에 있는 사람을 만나러 가는 길이다."

동접들은 모두 노상추를 안타까운 눈길로 바라봤다. 정명준이 말했다.

"상추야, 이번에 잘 해결날 기이다. 걱정 마라."

"느그 과거 붙을 생각이나 해라. 내는 괘안타."

노상추는 여유 있게 말했지만 사실은 속이 까맣게 타고 있었다. 지금 이 순간 '상추야, 걱정 마라. 전광택이 겉은 놈한테 당하겠나?'라고 말해줄 아버지가 없다. 아버지께서 떠나신 지 2년이나 됐지만 노상추는 아직 아버지의 부재를 소화하지 못하고 있었다. 재작년 무려 사십여 명의 장정들을 데리고 못자리 터를 닦고 소를 열 마리나 동원해서 돌을 날라 묘를 썼다. 대둔사의 승려들, 향원들, 주변 인척들에게 돌아다니며 부탁을 해서 장정들을 모아 몇날 며칠을 공사한 끝에 아버지 장례를 그런대로 성대하게 끝냈다. 오셨던 손님들이 모두 돌아가시고 난 후 빈 초당채를 봐도 아버지께서 다시 오실 것만 같았다. 하지만 이제 집안을 책임지는 가장은 오롯이 자신밖에 없다. 전광택이 같은 무도한 놈이 아무리 죽일 듯 달려들어도 아버지의 한마디가 있었다면 끄떡없었을 텐데, 그 한마디 해 줄 사람이 없다. 그게 이렇게 힘들 줄 몰랐다. 망망대해에 나뭇잎 같은 나룻배를 혼자 타고 있는 것 같았다. 파도가 덮쳐도 이젠 혼자 받아내야 한다. 항상 아버지 등 뒤에 숨었는데, 아무리 큰 파도가 덮쳐와도 아버지가 다 막아주셨는데 이젠 아버지가 안 계신다.

나룻배에서 내려 한양 도성을 향해 걸어갔다. 동접들은 최근에 선산 주변에 인물이 났다고 야단이었다. 화경이 말했다.

"야야, 요즘 우리 선산에 인물 났다. 알제?"

"하모. 형곡에 사는 김진구라는 자가 이번에 생원시에서 2등으로 붙고 그대로 복시를 봤는데 장원으로 붙었다 카더라꼬. 굉장하제? 우리 동네에 우째 그런 인재가 있었겠노."

"우리 집에 왔었다."

노상추가 말했다.

"느그 집에?"

"그래. 김진구가 우리 6대조 역정공 사위의 6대손 아이가. 그래서 우리 역정공 사당에 알현했다. 그래가아 내가 도문연 부주로 100동이나 했다꼬."

"아, 그랬구나. 그래서 그 김진구라는 자는 관직을 받았는데 6품 전적(典籍)13)이라 카드라."

"전적이 무슨 벼슬이고?"

"전적은 성균관에서 유생들도 갈키고 종친들도 갈키는 자리라 안하나."

"아따, 마, 높은 벼슬이구마. 장원급제 정도 하이 임금님 식구들을 갈키는 사람이 되는 구마. 내는 언제 미관말직이라도 하나 받아보겠노."

"문과에 급제하면 무슨 벼슬이라도 히나 받는데 무관은 죄 선달이다. 선달이 말이 좋아 선달이지 백수건달아이가."

"그란데 달신이 형은 우예 됐노?"

화경이 물었다.

"아직도 선달이다."

노상추가 말했다.

"아직도 선달이가? 이 일을 우야노, 이 일을 우예."

"그래가아 죽기 전에 궁궐 안에 한번 들어가보기라도 하겠나? 참말로 답답데이."

달신이 형을 보고 모두 답답하다고 했지만 더 답답한 사람은 노상추였다. 정달신은 무과 급제라도 했지만 자신은 아직 무과도 급제하지 못했다. 올해 스물아홉 곧 서른인데 언제까지 과거 시험만 보러 다닐 것인가. 재작년 아버지께서 돌아가시고 난 후 활을 놓았다. 아버지께서는 상중이라도 활을 놓지 말라고 하셨지만 부친상 중에 어찌 과거를

---

13) 전적(典籍): 성균관에 속하여 성균관 학생을 지도하는 일을 맡아보던 정육품 벼슬.

보러가겠다고 활을 잡겠는가. 노상추는 지난 2년 동안 아버지 삼년상을 치르느라 집안일만 하고 살았다. 지금 집에서는 아내가 둘째 출산을 앞두고 있다.

"상추야, 이제 곧 둘째 보겠구나."

"그래, 이제 과거도 붙고 자손도 불어나고 해야지. 그래야 조상님 뵐 면목이 있지."

화경이 말했다. 노상추는 집에 두고 온 아내가 걱정됐다. 봉증이도 잘 자라고 있어서 다행이었고 둘째도 뱃속에서 잘 자라고 있었다. 출산이 얼마 남지 않았는데 전광택 같은 흉악한 놈 때문에 집을 비우게 돼서 마음이 조마조마했다. 아내는 겉으로는 잘 다녀오라고 했지만 마음속으로는 내심 섭섭했을 것이다. 봉증이 낳을 때도 옆에 있어주지 못했는데 둘째도 옆에 있어주지 못하다니. 어쨌거나 한양에 있는 선산부사를 만나 담판을 지어야 한다.

"야야, 니 상추 아이가?"

나룻배에서 내려 도성 쪽으로 걸어가는데 앞에서 웬 노인이 길 옆에 앉아 쉬고 있었다. 그 노인이 노상추의 이름을 부르며 다가와 보니 친척 어른인 김음이었다.

"아이고, 아재요! 한양 오셨능교?"

"그래. 내 이번에 홍패 받으러 안 가나."

김음은 먼 인척이었는데 올해 쉰넷으로 아버지와 동년배였다. 두 아들이 있었으나 모두 죽었고 8살짜리 손자를 홀로 키우며 살았다. 헛되이 늙은 것에 비분강개하여 각고의 노력을 한 끝에 젊은이에게도 어려운 무과에 급제했다. 노상추는 우연히 친척집에 들렀다가 김음의 소식을 듣고 찾아가 자기 일처럼 기뻐하며 축하해주었다. 빈궁한 살림에 옆집 아주머니의 도움을 받아 가며 손자와 살아가는 김음이 쉰넷의 나이에 어떻게 무과에 급제할 수 있었을까. 인간의 의지와 노력은 한계가 없는 것이다.

"아이고, 어르신, 어르신 말씀 마이 들었심니더! 축하드립니더."

"존경합니데이. 야들아, 우리 어르신께 큰절 한번 올리자."

"야들이 와 이라노. 이라지 마라! 하지 마라!"

김음은 웃으며 손을 내저었지만 동접들의 절을 받았다. 노상추가 물었다.

"손자는 집에 혼자 있습니꺼?"

"아, 옆집에서 맡아주기로 하고 내는 여기 홍패 받으러 왔다."

김음이 말했다.

"어르신, 임금님께서는 나이가 있으신 분들이 과거에 합격하면 특별히 우대를 해가아 높은 관직을 내리신다 캅디더."

명준이 말했다.

"맞심더. 작년에 상주에 사시는 성이연이라는 분이 여든한 살에 향시에 합격하신 기라요. 상주 바닥이 아주 난리가 났다캅디더. 여든의 나이에 우예 향시에 합격을 하셨겠십니꺼. 그란데 그 어르신께서 회시를 보러 한양에 올라가셔서 과장에 가이 마 이름을 부르더랍니더. 그 분이 마 '지가 성이연입니더' 했더니 지체높으신 관리들이 우르르 몰리 나와가아 그 분을 뫼시고 임금님 앞으로 가더랍니더. 임금님께서 그 분을 보시고는 나이 여든에 살아있기도 힘든데 향시에 합격했다꼬 치하하시면서 보자마자 참봉(參奉)[14]에 제수하시고 5일 후에는 당상 자리인 오위장(五衛將)[15] 벼슬을 내리시더니 며칠 후엔 가선대부 정이품 자리인 부총관(副摠管)[16]에 제수하시고 아들까지 참봉 자리를 줬답니

---

14) 참봉(參奉): 여러 관아에 속했던 최말단직의 종구품 벼슬. 능(陵), 원(園), 종친부, 돈령부, 봉상시, 사옹원, 내의원, 군기시 등에 둠.

15) 오위장(五衛將): 오위도총부(五衛都摠府)에 딸려 오위의 군사를 거느리던 장수.

16) 부총관(副摠管): 오위도총부(五衛都摠府)에 속한 정이품 벼슬.

더. 느그도 들었지?"

"하모. 임금님도 지금 여든이신데 여든의 나이에 향시에 입격한 사람이 나오이 크게 감동하시고 높은 벼슬로 치하하신 기이지."

노상추가 말했다.

"과부 사정은 홀아비가 안다꼬 임금님께서 연로하시니 노인들 사정을 더 깊이 알아주신다 안 하나."

"상주 바닥에 경사났네, 경사났어."

"그래에. 상주 부사, 경상도 관찰사가 그 집 문턱이 닳도록 드나들고 어려븐일 있으모 다 도와준다 카고 마마 그 집은 팔자가 핐다 아이가."

"부총관은 관찰사랑 같은 품계 아이가. 시골 촌로가 하루아침에 조선의 중앙군 오위도총부를 지휘하는 부총관 나으리가 됐으이 마 지방의 부사나 관찰사가 벌벌 기어야지. 하하."

"팔순 노인이 우째 무과 시험을 보셨겠노. 육량전은 젊은 사람도 쏘기 힘든데."

"어르신요, 무과 시험 보실 때 육량전을 몇 보나 쏘셨습니꺼?"

"내? 내야, 130보는 거뜬히 쏘지."

김음이 의기양양하게 말했다.

"대단하십니더. 참말로 대단하십니더."

"팔순 어른께서 부총관이 되셨으이까네 어르신은 마 오위장 자리는 안 주시겠능교!"

명준이와 화경이가 큰 소리로 떠들었다. 김음은 픽 웃으며 말했다.

"오위장? 그 자리 정도라면 마 내가 할 수 안 있겠나."

노상추도 쉰넷의 나이에 무거운 활을 들기도 힘들 텐데 홀로 손자를 키우며 무과에 급제한 김음에게 깊이 감동하였다. 노상추가 김음에게 말했다.

"아재처럼 사는 기이 사람 사는 깁니더. 사내로 태어나서 이런 날을 함 봐야 하는 기이지요."

두 아들을 잃었을 때 이 어른인들 따라 죽고 싶지 않겠는가. 그러나 헛되이 죽는 대신 떨치고 일어나 무과에 급제했다. 오십에도 떨치고 일어나는데 서른도 안된 자신이 왜 그리 징징댔던가. 부끄러운 일이구나.

"아, 그란데 와 홍패도 안 받고 바로 내려오셨능교?"

"내가 노잣돈이 부족해가아 한양에 오래 몬 있었다. 돈이 다 떨어져 가는데 시험은 잘 몬 친 것 같아서 떨어졌다고 생각하고 용호방(龍虎榜)17)도 안보고 내리와뿌릿다. 그란데 며칠 후에 흡창(吸唱)18)이 와 가아 내가 합격했다고 몇 날 며칠까지 홍패 받으러 오라 카더라꼬. 그란데 내가 한양에 올라올 돈이 없었다 아이가. 그래가아 친척한데 돈을 빌려달라 캤는데 그라다보이 마 내 소식이 알려지게 됐능기라아."

"친척들이 돈은 넉넉하게 빌려줍디꺼?"

노상추가 물었다.

"하모. 잔치도 벌여주고 곡식캉 고기캉 선물도 주고 노자돈도 사돈에 팔촌까지 모두 나서가아 모아주더라. 그래가아 이번에는 잘 묵고 잘 자면서 한양에 올라왔다. 그란데 니는 상중에 웬일로 한양에 올라오노?"

지난 3월 노상추는 아우 상근이 장암 처가에 갔다가 천연두로 쓰러졌다는 소식을 듣고 달려갔다. 상근은 온몸이 불덩이가 되어 여기 저기 붉은 반점이 피어올랐고 정신이 오락가락 했다. 이후 물집이 부풀어 오르고 고름이 차고 딱지가 앉아 떨어지기까지 꼬박 한 달 동안 노상추는 상근의 처가에서 병간호에 전력을 다했다. 여동생 효명이는 천연두가 돈다는 소식에 희준이를 데리고 신기에 있는 소작농 부귀의 집으로 피신을 했는데 거기에서 희준이가 천연두에 걸려버렸다. 봉증이

---

17) 용호방(龍虎榜): 급제자 명단 게시판
18) 흡창(吸唱): 관아에서 심부름하는 아이.

도 상근이 딸도 천연두에 걸려 노상추는 하루도 마음 편할 날이 없었다. 다행히 아이들은 약하게 천연두를 앓고 다 나았는데 상근이가 심하게 앓는 바람에 마음 고생을 많이 했다. 그렇게 상근의 처가댁 장암에서 천연두에 걸린 동생을 간호하고 있을 때 정엽이가 천연두에 약으로 쓸 닭을 가져와서 말했다.

"숙부님, 큰일 났습니더. 선산에서 아전을 하는 전광택이라는 놈이 우리 선영의 안산(案山)[19]에 무덤을 썼다캅니더. 윤이 아재가 장정들이 올라가서 공사를 하는 걸 보고 가서 우리 안강 노씨 가문의 안산인데 우데 공사를 하냐고 소리를 쳤답니더. 그라이까네 그 전광택이라는 놈이 바로 선산부에 들어가서 소장을 올리가아 그 산이 안강 노씨 가문의 안산이 아이라서 즈그 무덤 써도 된다는 선산부사의 판결을 받아 뿌린 기라요. 그래가아 공사를 몬 하구로 막고 있는 윤이 아재한테 판결문을 뷔주미 무덤을 쓴다 캅디더. 윤이 아재가 직접 다시 거리를 측량하고 산세를 그리가아 관아에 들어가서 와 전광택이 말만 듣고 판결을 내리냐꼬 따질라 캐도 선산부사가 이미 내린 판결이라꼬 듣지도 안하고 쫓아 내더랍니더. 윤이 아재 말씀이 숙부님께서 나서시야 된다꼬 하시데요."

백현에 있는 산은 노상추의 6대 조모와 종증조부, 그리고 기타 방친의 묘소가 자리잡고 있는 산이었다. 전광택은 거리가 340보 떨어져 있다는 이유로 노상추 선영의 안산에 자신의 외조부의 묘를 썼다. 백현에 있는 산은 좌청룡 우백호에 앞에 안산까지 갖춘 천하의 명당이어서 노상추 가문에서 조상 대대로 잘 관리해 왔다. 풍수지리를 조금이라도 아는 사람이라면 그 산이 노씨 가문의 안산이라는 것을 한눈에 알 수 있다. 그런데 그 전광택이라는 아전이 이번에 노씨 가문을 무시하고

---

19) 안산(案山): 수지리에서, 집터나 묫자리의 맞은편에 있는 산.

그 안산에 묘를 쓴 것이다. 이는 전가 놈이 안강 노씨의 가문을 대놓고 욕보이고 있는 것이고 선산 부사는 이에 눈감아준 것이나 다름없다. 며칠 후 남종 삼재가 닭을 가지고 와서 말해주길 선산 부사가 전가 놈을 봐주기 위해서 정식 절차를 밟지 않고 재판 절차를 생략한 것 같다고 했다. 노상추는 가만있을 수 없었지만 일단 동생을 간호해야 했다. 얼마 후 다행히 동생이 나아서 함께 집으로 돌아왔다. 집에 돌아오자 노상추는 바로 집안 친척들에게 이 일을 알리고 소지를 작성해서 관아에 갔다. 하지만 선산 부사는 판결한 지 3일 후 서울로 상경하여 자리를 비운 바람에 재판을 받을 수가 없었다. 분통이 터졌다. 이것도 분명 그 아전 놈이 예상하고 있었을 것이다. 선산 부사가 상경할 것을 알고 미리 손을 써서 판결을 받은 후 노씨 가문을 무력화시킨 것이다. 노상추는 가만있지 않았다. 선산 부사가 언제 돌아올지 모르나 선산 부사직을 대행하는 사람이 군위의 현감 최종대임을 알고 그가 선산 관아에 오면 바로 연락을 달라고 아전들에게 손을 써놨다. 그리고 인척들을 총동원해서 최종대와 연이 있는 사람을 찾았는데 횡성의 영장 정지신 어른과 잘 아는 사이였다. 노상추는 정지신 어른을 찾아가 부탁하여 최종대 현감에게 노씨 가문의 입장을 설명하는 탄원서를 받아냈다. 노상추는 관아에 올릴 소지를 준비했고 정지신 어른이 서준 탄원서와 함께 관아에 올릴 날만을 기다리고 있었는데 생각해보니 관아에서 일하는 전가 놈이 분명히 자기 소지를 빼돌릴 것 같았다.

"상추야, 내가 선산부 관아 아전들은 꽈악 잡고 있다. 내랑 같이 관아에 가자."

화경이가 평소에 아전들과 관계가 두터운지라 화경에게 부탁해서 미리 아전 한 놈을 구워삶아 놓았다. 선산부에 군위 현감이 도착했다는 연락이 오자 노상추는 바로 관아로 출두했다. 포섭해 둔 아전을 통해 노상추의 소지와 탄원서가 선산 부사 대행인 군위 현감에게 바로 올라가도록 했다. 군위 현감은 별감에게 소지 내용을 현장에 가서 직접 확인해보라고 지시를 내렸다. 별감은 백현의 안산에 와서 거리를 보수(걸음걸이)로 측량하였고 산세를 그렸다. 노상추는 별감 옆에서 별감이 제대로 그림을 그리고 보수를 세는지 일일이 확인했다.

"아따, 제가 공정하게 하고 있으이 마 걱정 마소!"

별감은 옆에서 잔뜩 긴장해서 눈을 부릅뜨고 있는 노상추를 보고 웃으며 말했다. 노상추는 별감이 그래도 걸음걸이 수를 정확히 세고 산세를 잘 그려줘서 안심이 됐다. 산세를 다 그린 후 별감이 말했다.

"마, 이 산이 노씨 가문 선영의 안산이 맞긴 맞구마요."

"하모, 그걸 말이라 카나! 전광택이 같은 놈이 우리 노씨 가문을 뭘로 보고 이런 짓을 했겠노. 어쨌든 별감께서 이래 사실을 밝혀주니 내가 참으로 고맙네."

별감이 선산부 관아로 들어가 군위 현감에게 보고를 하니 군위 현감이 선영을 수호하는 안산은 거리가 비록 멀다 해도 다른 사람이 무덤을 쓸 수 없으니 전광택은 묘소를 옮기라고 판결했다. 현감은 판결을 내리고 자신의 임지인 군위로 돌아가면서 직접 전광택의 묘소에 들러 별감이 보고한 내용을 확인했다. 노상추는 현감의 공정한 판결에 크게 고마웠고 전광택에게 묘소를 옮기라고 명령했다. 하지만 전광택이라는 놈은 바빠서 두 달 후 7월 15일이 되어야 옮길 수 있겠노라고 연락을 해왔다. 노상추는 두 달이라는 시간 동안 이놈이 무슨 짓을 할지 몰라 찜찜했지만 판결은 이미 난 것이라 제까짓 게 뛰어봤자 벼룩이라 생각했다. 며칠 후, 신포에 갔다가 전광규 의원을 만나 인사한 후 산송에 대해 이야기했는데 그가 고개를 갸웃거리며 말했다.

"내가 선산 부사를 진찰한다꼬 몇 차례 만난 적이 있어서 하는 말이네 마는 선산 부사가 보통 꼬장꼬장한 사람이 아이데이. 그런 선산 부사가 판결한 것을 뒤집을라 카면 한양에 올라가가아 선산 부사에게 직접 다시 판결을 받든가 아이면 부사가 올 때까지 기다렸다가 다시 받았어야지 직무 대행으로 온 군위 현감에게 판결을 받아서 뒤집어 뿌면 그 부사가 다시 왔을 때 가만있겠나? 군위 현감 보다 선산 부사가 더 품계가 높다꼬. 자기보다 낮은 직위의 하위 관리가 와서 자기가 내려놓은 판결이 잘못됐다꼬 뒤집어 놓았는데 그 부사가 가만있겠는가?"

듣고 보니 아차 싶었지만 노상추는 지금 와서 또 선산 부사를 찾아가기도 뭣하고 해서 일단 기다렸다가 선산 부사가 관아로 내려오면 들어가서 상황을 설명해야겠다고 생각했다. 그 후 본격적인 농번기가 닥쳐왔고 7월이 되기까지 노상추는 농사일로 바빴다. 바보 같은 노비들이 한여름 뙤약볕에 소를 끌고 논을 갈다가 소가 더위를 먹어 삼 일 동안 먹지 못하다가 죽었다. 이놈들이 일을 하려던 긴지 소를 잡아먹으려고 한 건지 알 수가 없었다. 또 윤이 아재는 아들 완석이 수년간 병을 앓다가 죽는 바람에 상심하여 아무 일도 하지 못하고 집에만 머물렀다. 윤이 아재는 아들을 잃자 산송 일에도 의지를 잃고 눈물만 흘려 노상추는 무척 마음이 아팠다. 또 포폄(褒貶)을 보니 선산 부사는 아무 이유도 없이 '상'을 맞았다. 노상추는 지금의 선산 부사가 조정에서 좋은 평가를 받고 있음을 알고 왠지 불안했다. 그러던 차에 집에 방물장수가 들러 아내가 참빗과 바늘을 샀는데 그 방물장수가 노상추를 보고 떠들어댔다.

"아, 이 집이 그 안강 노씨 가문 종손댁 아입니꺼? 지가 저 조령 주막에서 쉬고 있는데 생긴 것이 따악 쥐새끼 겉이 생긴 놈이 노상추 집안의 대를 끊어놓겠다고 길길이 날뛰고 있더라꼬요."

"머라꼬?"

배가 부른 아내가 빗과 바늘을 들고 일어서다가 깜짝 놀라 되물었다. 사랑채에서 듣고 있던 노상추는 문을 열고 밖으로 나왔다.

"무슨 소릴 하노? 상세하게 말해보거라."

사랑채에서 듣고 있던 노상추가 물었다.

"그 쥐새끼 겉이 생긴 작자가 지가 한양에 가서 선산 부사를 만나고 오는 길인데 안강 노씨 인간들이 즈그가 무슨 정승 집안도 아이고 사대부 집안도 아인데 멀리 떨어진 산을 즈그 안산이라꼬 남의 묘도 몬 쓰구로 방해한다카믄서 주제 파악도 몬하는 놈들이라 카며 뜨거운 맛을 보여주겠다캅디더. 그라믄서 지가 한양에 계신 선산 부사한테 가서 노가 놈이 부사님께서 내린 판결에 앙심을 품고 부사께서 자리를 비우신 틈을 타서 거짓으로 소지를 꾸며가아 군위 현감을 쏙여서 판결을 뒤엎어뿌렀다꼬 꼬질렀답니더. 선산 부사가 이 말을 듣고 분기탱천해가아 지를 수령으로 인정하지 않는 거라 카면서 노가 놈을 가만 두지 않겠다꼬 당장 노가 놈을 잡아들이라는 명령을 내렸다 카던데예."

그 소리를 듣고 노상추는 뒤로 넘어갈 뻔했다. 불안하다 했더니 전광택 이놈이 결국 이렇게 나오는구나. 임신 중인 아내는 그 말에 적잖이 충격을 받았다. 아내는 불안해하며 말했다.

"봉증이 아부지, 우얍니꺼? 괘안캤십니꺼?"

자라 보고 놀란 가슴, 솥뚜껑 보고 놀란다고 아내와 결혼한 지 얼마 되지 않아 노상추는 관아에 끌려가 칼을 쓰는 횡액을 겪은 적이 있다. 그러니 아내는 또 그런 일이 벌어질까봐 겁을 먹었다.

"내가 그런 아전 따위에게 당할줄 아나? 걱정 마라. 내가 한양 올라가서 해결하면 된다."

노상추는 임신한 아내가 괴로워하는 것을 보고 전광택 이놈을 가서 밟아죽이고 싶은 생각이 들었으나 결국 자기의 판단이 미숙했다는 걸 알았다. 지난 번에 관아에 끌려가서도 선산 부사의 심기를 건드리는 바람에 태형을 맞았었다. 자기가 아무리 옳아도 법을 집행하는 사람들과 척을 져서는 일이 좋게 될 수가 없다. 전광택이라는 놈은 그런 부분을 교묘하게 파고 든 것이다. 그 놈이 자기보다 나이가 훨씬 어린 자신을 깔보고 일을 이렇게 벌인 이상 노상추도 가만있을 수가 없었다. 집에 한양에 갈 노잣돈이 없어서 노상추는 친인척들을 불러모으고 상황을 설명한 후 각 집마다 돈을 갹출해 17냥을 모았다. 그리고 친척 어른들을 모셔서 노상추가 서울에 가서 부사에게 올릴 소지를 1안, 2안으로 작성했다. 1안은 죄를 용서해달라고 비는 내용으로 대죄한다는 것이었고 2안은 전광택이 쓴 묘소가 왜 잘못됐는지 상세히 밝히는 내용이었다. 노상추가 전광택과 산송을 벌인다는 소식을 듣고 정달신이 와서 권흡 선전관과 자신도 한양에 머물테니 태묘동 숙소에서 만나 함께 선산 부사 일을 해결해보자고 했다. 또 전광규 의원도 선산 부사가 황달이 있어 부름을 받고 한양으로 올라가는데 노상추가 부사를 만나도록 도와주겠다고 연락이 왔다.

노상추는 어른들께서 써주신 소지를 들고 한양으로 떠났다. 집을 나서는 길에 아내는 두려움에 떠는 얼굴로 잘 다녀오시라고 했다. 네 살 된 봉증이는 허리를 굽혀 절을 하며 씩씩하게 말했다.

"아부지, 잘 댕기오시소."

"봉증아, 어머니를 잘 모시고 있거라. 아부지 금방 다녀오꾸마."

봉증이는 대문 앞에 서서 노상추가 탄 말이 보이지 않을 때까지 손을 흔들었다. 앙증맞은 아들과 배가 부른 아내를 보며 노상추는 반드시 판결을 바로잡겠다고 다짐했다.

한양으로 올라오는 길에 큰비가 내리고 급체로 설사와 구토까지 하는 바람에 말할 수 없이 고생을 했지만 한양에 무사히 도착했다. 노상추는 2년 만에 한양 땅을 이런 불미스런 일로 다시 밟게 되자 한없이 착잡했다. 또 이제까지 한양에 와서 과거를 보고 고향에 내려갈라치면 항상 생각지도 못한 일이 터져서 내려가는 길이 두렵기도 했다. 부디 별일 없어야 할 텐데.

노상추는 일행과 함께 한양 도성으로 들어가 종묘 앞 효경교 근처의

박 가라는 사람의 집을 숙소로 정했다. 동접들은 모두 무과 시험을 준비하느라 녹명소에 간다 궁방에 간다 하며 바빴다. 모두 물 만난 고기들처럼 방구석을 박차고 나가 신나게 돌아다녔다. 노상추는 울적한 마음에 혼자 일찍 잠자리에 들었다. 한참을 뒤척이다가 간신히 잠에 들었다.

꿈에 노상추는 고향 집이 보였는데 할아버지와 아버지가 안채 마루에 서 계셨다. 노상추는 할아버지와 아버지를 바라보며 안채로 들어갔는데 안채 안방에서 처음 본 의원이 아내를 진찰하고 있었다. 모르는 사람이 아내를 진찰하고 있어 노상추는 마음이 언짢았다. 아내는 노상추를 보고 일어나 앉더니 말했다.

"병이 다 나았습니더."

눈을 떠보니 꿈이었다. 일어나 보니 낯선 숙소였고 옆에는 동접들이 코를 골며 자고 있었다. 이게 무슨 꿈일까. 돌아가신 할아버지와 아버지께서 꿈에 보이다니 이번 일이 잘 될 징조인가. 아내가 병이 다 나았다고 했으니 모든 문제가 잘 해결될 거라는 조상님의 계시인가. 처음 본 의원이 아내를 진찰하고 있는 모습이 왠지 불안했지만 꿈에 돌아가신 아버지나 할아버지를 보면 길몽이라고 하지 않던가. 아, 그런데 왜 이리 마음이 불안한 걸까.

날이 밝자 노상추는 달신이 형과 권 선전관이 있는 태묘동 숙소로 갔다. 권 선전관은 두 소지를 읽어보더니 소지만으로는 부족하니 전직 선산 부사였던 사람을 찾아가 자문을 구해보라고 했다. 노상추는 그 날 오후 전직 부사였던 조재만의 집을 찾았다. 달신 형이 명함을 종에게 주어 들여보내니 얼마 후 하인이 나와 들어오라고 했다. 조재만 전 부사는 소지를 읽고 두 소지를 하나로 합하는 것이 좋겠다고 하면서 삭제해야 할 문장 몇 개를 짚어주셨고 먼저 선산 부사의 집에 가서 대죄를 하고 소지를 올리는 것이 좋겠다고 하셨다. 숙소에 돌아오니 전광규 의원으로부터 부사의 집에 와 있다는 전갈이 왔다. 전광규 의원은 내일도 선산 부사의 집에 머무르며 치료를 할 터이니 선산 부사의 집으로 오라고 했다. 노상추는 그날 밤 권 선전관에게 달필가 한 명을 소개 받아 소지를 다시 깨끗하게 쓰게 하고 한 냥을 줬다. 다음 날, 노상추는 선산 부사의 집 앞에 서 있었다. 달신 형이 먼저 명함을 들이고 선산 부사를 만나기를 청했다. 남자종이 나와 달신 형을 불렀다.

"상추 니는 여기 있그라. 내가 드가서 부사님 앞에 니 이야기를 꺼내고 상황 봐서 대죄를 하라 하꾸마."

달신 형이 들어가자 얼마 후 남자종이 쪽지를 들고나왔다. 펴보니 집 안에서 전광규 의원이 보낸 것이었는데 대죄를 시작하라는 것이었다. 노상추는 남자종에게 명함을 들여보낸 후 대문 앞에서 무릎을 꿇고 앉아 대죄를 시작했다. 남자종은 노상추가 무릎을 꿇는 모습을 보더니 대문 안으로 휙 들어갔다. 얼마 후 남자종이 나오더니 퉁명스레 말했다.

"들어오시랍니다요."

노상추는 대문 안으로 들어가 사랑채 앞에 무릎을 꿇었다. 사랑채 안에서는 선산 부사, 전광규 의원, 부사의 형인 수어사(守禦使)[20], 그의 조카인 이조 참판 그리고 몇 명의 귀빈이 웃고 떠들고 있었다. 노상추는 수모를 견디며 꿋꿋하게 무릎을 꿇고 자신의 대죄를 받아주기를 기다렸다. 전광규 의원이 사랑채 안에서 밖을 힐끗거렸고 달신 형이 인사를 마쳤는지 나가면서 노상추에게 눈짓을 했다. 선산 부사는 사랑채 밖으로 나오지 않았다. 해가 중천에 떴을 즈음부터 시작했는데 몇 식경이 지났는지 해가 뉘엿뉘엿 넘어갔다. 무릎 꿇은 다리가 아프다 못해 이젠 아무 감각이 없었다. 하지만 노상추는 눈을 감고 몸을 꼿꼿이 한 채 자세를 풀지 않았다. 해가 질 무렵 늙은 남자종이 부사가 쓴 처결문을 가

---

20) 수어사(守禦使): 남한산성에 설치된 수어청(守禦廳)의 으뜸벼슬

지고 나와 노상추에게 내밀며 말했다.

"인제 그만 돌아가시랍니다요."

노상추는 떨리는 손으로 처결문을 펼쳐 읽었다.

'노윤의 소송에 대해서 관아에서 조사하여 처결을 내렸고 전광택은 장사를 지냈다. 노씨 가문의 종인들은 원통한 일이 있었다 하더라도 마땅히 선산 부사가 내려가기를 기다려 소지를 올리거나 수령이 새로 교체하여 신임 부사가 부임한 이후에 소지를 올렸어야 마땅하다. 그러나 노가는 마치 현 선산 부사가 해임이라도 된 듯 직무 대행인 군위 현감에게 소지를 올려 판결을 뒤집었으니 이는 전례가 없는 변괴이다. 전광택에게 써준 소장에 비록 노 씨를 잡아들여 가두라는 명령을 내렸으나 이미 노 씨가 자신의 죄를 뉘우치고 용서를 비는 바, 가둘 필요까지는 없겠으니 특별히 이 명령은 보류하겠다. 단, 노 씨가 군위 현감의 판결에 근거하여 전광택의 묘를 파내고자 한다면 종인 모두 감옥에 가둬버리겠으니 명심하도록 하고 고향에 내려가 이후 처분을 기다리도록 하라.'

노상추는 선산 부사가 자신을 가두라는 명령은 보류한다는 것을 읽고 서글펐다. 보류한다는 답이 필요한 것이 아니라 전광택이 쓴 묘를 파내라는 판결이 필요했다. 역시 선산 부사는 자기 판결을 바로잡을 생각이 없다. 노상추는 숙소로 돌아와 선산 부사에게 자신의 입장을 밝히는 정문을 간곡하게 써서 다음날 다시 가져갔다. 종을 통해 자신의 명함을 들이자 전광규 의원이 대문으로 나와 말했다.

"지금 선산 부사가 황달에 걸리셨고 손님들이 계속 오는 바람에 자네가 올린 정문을 읽을 새가 없데이. 부사가 그래도 상추 자네가 어제 사랑채 앞에서 하루 종일 대죄하는 걸 보고 화가 다 풀렸으니 걱정말고 돌아가 있게. 부사님이 선산에 내려가시면 그때 다시 소지를 올리가아 처결을 부탁하는 기이 좋겠데이."

"지는 부사님 화를 풀어드리려 온 기이 아입니더. 잘못된 판결을 바로잡기 위해 온 겁니더."

노상추가 말했다. 전광규 의원이 답답하다는 듯 말했다.

"자네 말도 옳다마는 부사 입장에서도 판결을 번복하는 기이 쉬운 것은 아잉기라. 하지만 선산 부사가 자네 소지를 다 읽었고 내용도 다 알고 있네. 아마 이번에 내려가시면 전광택 그 놈헌테 묘를 파내라 카실걸세. 군위 현감이 다 확인했다꼬 보고를 받으섰네. 자기 밑에 사람이 자기 판결을 뒤집었는데 가만있을 부사가 우데 있겠나. 하지만서도 자네가 그래도 여기까지 올라와가아 모욕을 참고 대죄를 하이께네 마음이 다 풀렸고 이제 제대로 된 판결을 내려줄 테이까네 믿고 내려가게."

"그래도, 지는……."

"더 우기지 마고 내려가시게. 너무 부사를 몰아세우면 오히려 좋지 않을 수 있으이."

노상추는 숙소로 돌아왔다. 정명준과 정화경이 동대문 밖에서 활쏘기 연습을 하고 들어왔다. 노상추는 명준과 화경을 보고 말했다.

"아재는 어디 계시노?"

"어르신은 도포랑 적삼 맞추러 종로에 가셨다. 니는 부사는 잘 만났나?"

"만나기는. 대문 안에 겨우 들어가 사랑채 마당에서 대죄만 하다 왔다. 내려가서 기다리라 카드라."

"그래가아 우야노. 뭔 확답이라도 받아야 안 되나."

그때 김음이 들어왔다. 한손에 꾸러미를 들고 있었다.

"내 왔데이."

"아재요, 뭘 사오셨능교?"

노상추가 물었다.

김음은 자랑스럽게 꾸러미를 풀었다. 가죽신 목화였다.

"궁궐에 들어가야 하는데 짚신을 신을 수야 없지."

김음은 자랑스럽게 말했다. 하루 종일 돌아다니며 고민하다가 목화한 켤레를 구입했다.

"아, 아재요, 좋으시겠습니더. 이거 신고 이제 홍패 받으러 가시면 되겠네요."

"암만! 내 종로 주단에 명주 도포캉 적삼캉 맞춰놨다. 내일 가지러 갈끼이다."

"아, 좋으시겠습니더. 부럽심더."

"상추 니도 빨리 준비해가아 무과 급제해라. 우리 같이 조선 팔도를 지켜야제. 하하하."

노상추는 김음과 동료가 되는 상상을 했다. 생각만으로도 미소가 지어졌다. 하지만 노상추에게는 앞에 닥친 일이 있었다. 노상추는 다음 날에도 선산 부사 집에 가서 소지를 올리고 만나 뵙기를 청했다. 전광택이 묘소를 파내도록 하겠다는 확답을 받을 때까지는 계속 들이밀 생각이었다. 몇 식경이 지난 후 남자종이 처결문을 가지고 내려왔다.

'사사로이 그려온 산도만 가지고는 판결을 내릴 수 없다는데 계속 소지를 올리는 이유를 알지 못하겠다. 고향으로 내려가 기다리라.'

노상추는 할 수 없이 전에 뵈었던 전직 선산 부사 조재만의 집을 다시 찾아갔다. 그리고 모든 문서를 보여주며 어떻게 해야 할지 자문을 구했다. 조재만 전 부사는 지금 선산 부사는 건강상의 이유로 교체될 수 있으니 이 모든 문서를 들고 고향에 내려가 정식으로 선산 부사가 내려왔을 때 다시 송사하는 것이 좋겠다고 했다. 노상추는 도와주셔서 감사하다고 큰절을 올린 후 나왔다. 노상추의 동접들은 무과 시험을 며칠 앞두고 동대문 앞 활터에 나가 활 연습을 하느라 정신이 없었다. 노상추는 여기에서 더 들이밀어봤자 좋을 게 없다는 걸 알았다. 황달에 걸린 선산 부사의 노기만 부추길 뿐이었다. 서울에 더 머물러봤자

득이 없으니 고향으로 가는 수밖에 없었다. 친구들이 있는 활터에 나가 인사를 하고 뒤돌아서는데 몹시 서글펐다.

"무릇 과거 길은 동접들과 함께 신나게 떠들며 걸어야 신이 나는데. 이기 머꼬."

노상추는 혼자 터덜터덜 걸어갔다. 도성을 빠져나가 서빙고 나루터에서 나룻배를 탔다. 강바람을 맞으며 강을 건너는데 왠지 불안했다. 매번 과거를 보고 고향으로 내려가면 사고가 터지곤 했다. 왠지 모르게 불안해지는 마음을 다잡아 가며 나룻배에서 내렸다. 그리고 집을 향해 힘차게 걸어가려 하는데 모래밭 끝에 낯익은 얼굴이 자신을 바라보고 있었다. 가만 보니 손돌이였다. 손돌이가 안절부절못한 표정으로 손을 비벼대며 서서 자신을 바라보고 있었다. 노상추는 머리가 새하얗게 되는 것 같았다. 변고가 있구나. 변고가. 차마 무슨 일이냐고 물어보지도 못하고 장승처럼 있는데 손돌이가 다가왔다. 손돌이는 아무 말 없이 편지를 내밀었다. 노상추는 편지를 바라보며 이 순간 세상이 여기서 끝나버렸으면 좋겠다고 생각했다. 편지를 움켜쥔 채 차마 펴보지 못하고 눈을 감고 고개를 쳐들어 하늘을 바라봤다. 파란 하늘은 참으로 무심하구나. 이것도 하늘의 뜻인가. 노상추는 떨리는 손으로 편지를 펼쳤다. 그리고 읽는 순간 그 자리에서 주저앉았다.

"나으리, 나으리!"

손돌이가 노상추의 팔을 붙잡았다. 노상추는 정신을 차릴 수가 없었다. 아내가 딸을 낳은지 칠 일 만에 갑자기 죽었다. 동생이 부음을 알리고 아내의 시신을 입관하여 초상을 치렀다. 노상추는 손돌이 가져온 말에 올라탔다. 아내가 떠나다니. 자신과 봉증이를 두고 떠나다니. 이럴 수가. 노상추는 고향집에 도착할 때까지 아무것도 먹을 수가 없었다. 세상 밖으로 걷어차인 것 같았다. 아내가 죽었다니. 아내가 죽었다니. 조신하고 현명한 아내를 그토록 사랑했는데. 첫째 부인이 죽고 절망에 빠져있을 때 자신을 구원해 줬던 둘째 부인이 이렇게 허망하게 세상을 떴다니. 이제 누구에게 의지하고 살아가야 하나. 나이가 아직 서른도 되지 않았는데 벌써 두 명의 아내와 두 명의 자식을 내 손으로 묻어야 하다니 이게 무슨 기구한 팔자인가. 노상추는 자신의 운명이 너무나 기막혀 울음도 나오지 않았다. 따져보니 아내를 꿈에서 본 그날 아내는 세상을 떠났다. 세상을 떠나며 남편에게 들러 인사를 하고 간 것이다. 병이 다 나았다는 말은 세상을 뜬다는 뜻이었다. 그렇게 불안하더니 결국 이렇게 되는구나. 며칠 후 고향 집이 가까워왔다. 저 고향 집에 나를 기다려줄 아내가 이제는 없다고 생각하니 고향 집 같지 않았다. 동네 정자나무를 지나는데 동네 아낙들이 노상추를 보고 눈물을 훔쳤다. 멀리서 논일 밭일을 하며 자신을 보고 안됐다고 고개를 젓는 상것들이 보였다. 노상추의 말이 동네 안으로 들어서는데 저 골목 귀퉁이에서 상복을 입은 봉증이가 뛰어나오는 것이 보였다.

"아부지! 아부지!"

노상추는 말에서 내려 봉증이에게 뛰어갔다. 봉증이는 애비를 반가와 하며 달려와 노상추의 목을 끌어안았다.

"아부지!"

노상추는 자기의 목을 꼭 끌어안는 봉증이를 안자마자 눈물이 터져 나왔다. 흐르는 눈물을 주체할 수가 없었다. 봉증이는 애비의 얼굴을 보며 손으로 노상추의 눈물을 닦아주었다.

"아부지, 울지마라. 울지마아."

어린 봉증이 상복을 입은 모습을 보니 심장이 조각조각 부서지는 것 같았다. 아무리 자제를 하려 해도 오열을 멈출 수가 없었다. 효명이와 상근이도 뛰어나와서 노상추를 부축해 줬다.

"괘안타. 내는 괘안타. 드가자."

노상추는 흐르는 눈물을 닦아가며 봉증이를 안고 집 안으로 들어갔다. 아내의 관이 눈에 들어오자 다시 한번 마음이 무너져내렸다. 아, 왜 내가 사랑하는 사람들은 모두 이렇게 떠나는 걸까. 노상추는 집에 있던 문상객들에게 인사를 할 수도 없었다. 아내의 관을 붙들고 통곡했다. 효명이가 옆에 다가와 말했다.

"오빠요, 아기 보소. 예쁜 딸이오."

노상추는 강보에 싸인 딸 아이를 품에 안았다. 동네에서 유모를 구해 젖을 먹이고 있었지만 애미를 잃은 걸 아는지 계속 울어댔다. 노상추는 딸을 가슴에 대고 안았다. 딸은 희한하게 아빠의 가슴이 편안한지 울음을 그치고 잠이 들었다. 노상추는 그 모습이 더욱 안쓰러워 눈물을 멈출 수 없었다.

아내의 초상을 치르고 빈소를 차렸다. 8월 말이 되자 한양에 동접들이 내려와 문상을 왔다. 명준이와 화경이는 노상추를 보고 눈물을 흘리며 위로해 줬다. 과거에는 다 떨어졌다. 명준이와 화경이에게 식사를 대접했다. 노상추가 물었다.

"아재도 같이 내려왔나?"

"누구? 김음 어르신 말이가?"

명준이 물었다.

"그래. 아재께서 창방(唱榜)21)은 잘 하싰나?"

노상추가 물었다.

명준과 화경은 픽 하며 웃었다.

"와 웃노?"

노상추가 말했다.

"그기이 말이다, 잘 몬 하셨다."

"와 잘 몬 하시노? 창방하신다꼬 목화도 사시고 도포캉 적삼캉 다 사

---

21) 창방(唱榜): 과거 시험을 치른 후 합격자를 발표하는 것.

있다 아이가?"

"김음 어르신께서 목화를 사시고 옷도 사시고 난 후에 어디론가 사라지셨다."

노상추는 깜짝 놀랐다.

"사라지시다이? 그기이 먼 소리고?"

"창방은 무신 창방이고! 과거에 급제도 몬 했는데. 다 거짓말이었데이."

"뭐라꼬?"

노상추는 입이 다물어지지가 않았다. 명준이 웃으며 말했다.

"상추 니가 고향으로 돌아간 그날부터 어르신이 숙소에 안 돌아오시는 기라. 그래서 저녁 답에는 찾으러 댕겼는데 몬 찾겠더라꼬. 그래가아 예조 앞에 지나갈 때 그 앞에 서 있는 포졸한테 김음이란 사람이 무과에 붙은 줄 모르고 고향에 내려가는 바람에 홍패를 못 받아서 지금 한양에 올라와서 홍패를 받을라 카는데 언제 받느냐고 물어보이 그런 건 없다 카는 기이라. 지난 번 무과 급제자들은 모두 홍패를 받아 갔고 누락된 사람은 없다고 잘라 말하더라꼬. 그래가아 내가 급제자 명단을 좀 보여 달라꼬 사정을 하이 마 집경당 앞에 용호방이 있으니 직접 가서 보라 카더라꼬. 집경당 앞에 가이 용호방에 급제자들 이름을 나무판에 새겨 놨는데 마, 아무리 봐도 어르신 이름은 없능기라."

"아이, 그라면 그기이 먼 소리고? 아재가 무과 시험에 안 붙었는데 붙었다고 거짓말을 했다는 기이가?"

노상추가 다시 물었다. 화경이 말했다.

"노망이 나서 현실과 상상을 구분 몬 하는 기지."

"연세가 지금 쉰넷이면 노망이 날 나이는 아인데. 그라고 정신은 멀쩡하셨다 아이가. 노망든 노인이 우예 한양꺼지 가겠노."

노상추가 말했다.

명준이 술잔을 내려놓으며 말했다.

"노망이 아이고 거짓부렁을 한 기이지. 친척들에게 돈을 빌릴라꼬 거짓말을 한 기이 아이겠노. 친척들이 돈을 이래 많이 줄 줄은 몰랐거든. 받고 보이 큰돈잉 기라. 그라이 마 돈 들고 한양으로 내뺀 기이지. 그 어르신 지금 어디서 뭘 하는지 아무도 모린다. 우리도 그냥 입 꾹 닫고 아무 말 안 했다. 만났다 소리도 일절 안 했다. 니도 마 아무 말 하지 마라."

"그럼 그 손자는 우야노?"

노상추가 물었다.

"8살이라 카이 머 다 키웠지. 지 알아서 안 살겠나."

"인척들이 아재를 기다릴 것 같은데 우야노."

"마, 돈 떨어지면 안 내려오시겠나."

명준이 웃으며 말했다. 노상추는 실망스럽다기보다는 안타까웠다. 나이가 쉰 하고도 넷이나 된 양반이 얼마나 과거에 붙고 싶었으면 그런 거짓말을 했을까.

'오위장? 그 자리 정도라면 마, 내가 할 수 안 있겠나.'

노상추는 아재가 그렇게 말할 때 유난히 농담처럼 말했던 것이 생각났다. 노망 난 건 아니었고 친척들의 돈을 사기를 칠 것까지는 아니었겠지만 과거에 붙고 싶은 마음에, 무관이 되고 싶은 마음에 작게 친 거짓말이 크게 불어난 게 아니었을까. 노상추는 아재가 불쌍한 생각이 들었다. 진짜라면 얼마나 좋았을까. 살면서 그런 일이 있다면 얼마나 통쾌했을까. 농담으로 시작한 것이 진짜가 되어버린 게 아닐까. 아재가 돌아오시면 쌀이라도 한 가마 갖다 드려야겠다.

여름이 지나고 가을이 왔다. 결국 선산 부사는 병으로 인해 내려오지 못하고 신임 부사로 교체됐다. 노상추는 아내의 묏자리를 옥양동 산으로 정하고 공사를 시작했다. 공사를 하면서 집에 들러 친척들과 함께 신임 부사가 왔을 때 올릴 소지를 친척 어른들과 함께 작성했다. 들으니 한양에서 노상추를 도와줬던 조재만 전 선산 부사는 이번에 청도 군수로 임용되었다고 했다. 적잖이 반가워 지나가시는 역참에 기다리고 있다가 인사라도 드려야겠다고 생각했다. 9월 26일 노상추는 파빈하고 아내의 관을 장지에 묻고 묘를 썼다. 27일에는 새로 부임한 선산 부사가 업무를 개시하자 상근과 정엽과 함께 선산부에 들어가 소지를 올렸다. 신임부사는 별감을 시켜 사실 여부를 확인하게 했다. 별감은 지금 걸음걸이를 재는 보척을 다른 별감이 가지고 나가서 없으니 다음 날 하자고 해서 돌아오는 수밖에 없었다. 노상추는 다음 날 28일 묘시부터 관아에 들어가 별감을 재촉했다. 별감은 노상추의 성화에 못 이겨 현장에 가 보수를 재고 산세를 그려 관아로 돌아왔다. 드디어 선산 부사 앞에 노상추와 전광택이 마주 보며 섰다. 노상추는 전광택을 노려봤다. 이제까지 겪은 이 모든 일이 다 저놈 때문이다 생각하면 패 죽여도 속이 시원치 않을 것 같았다. 하지만 저놈을 아무리 두들겨 팬들 떠난 아내는 되돌아오지 않는다. 전광택은 상복을 입은 노상추 앞에 기가 꺾여 있었다. 선산 부사는 전광택의 묘를 이장하라고 판결했다. 전광택은 고개를 숙였다. 전광택은 다음 달 그믐날에 반드시 묘를 이장하겠다는 공초를 바치고 돌아갔다.

  노상추는 말을 타고 집에 돌아오며 해가 진 낙동강을 바라봤다. 조상의 선영을 지켜냈다. 후손으로 마땅히 해야 할 바를 해내어 다행스러웠다. 하지만 아내는 떠났다. 아직도 집에 가면 아내가 나올 것 같다. 슬픔으로 억장이 무너지지만 노상추는 가장이고 집안의 종손이다. 어린 봉증이와 젖먹이 딸, 그리고 집안의 많은 대소사를 감당할 안주인이 있어야 한다. 노상추는 첫째 부인을 잃었을 때 아버지가 계셨기 때문에 혼인을 서두르지 않았지만 지금은 달랐다. 혼인을 서둘러야 한다.

열흘 후 10월 6일에 노상추는 아버지의 길제(吉祭)[22]를 지냈다. 친척들이 모두 돌아가고 노상추는 아버지께서 계시던 초당채를 바라보았다. 삼년상이 끝나고 비로소 아버지께서 떠나셨다는 게 실감 났다. 이 집의 주인은 나다. 내가 집안을 이끌고 가는 종손이다. 산산이 부서진 마음이었고 갈갈이 찢겨진 심정이었지만 살아가야 한다. 목숨이 붙어있는 한 살길을 찾아야 한다. 집안을 다시 일으켜야 한다. 슬퍼할 겨를이 없다. 울고 있을 틈이 없다.

"숙부님, 다녀오겠십니더."

정엽이가 김산에 향시를 보러 가겠다고 절을 했다. 노상추 눈에 정엽이는 아직 아이처럼 보였지만 이제 관례를 올리고 혼인도 한 성인이었다. 정엽이는 문과를 준비하고 있다. 노상추는 어려운 과거 시험에 도전하는 정엽이를 보고 감개무량했다. 김산에서 열리는 향시에 효명이의 시아버지 류안춘도 가신다며 노상추의 집에 들렀다. 노상추는 아버지가 하셨던 것처럼 류안춘 사돈어른을 예를 다해 대접했고 입격하시길 빌었다. 가을에는 노상추에게도 혼담이 들어왔다. 어떻게 해서든 일상을 회복하려고 노력하는 그때 유모가 돌보던 젖먹이 딸아이가 백일을 넘기지 못한 채 엄마를 따라 떠났다. 노상추는 젖먹이 딸을 둘째 부인 묘소 옆에 묻어주었다. 아직 서른이 되지 못한 나이에 두 아내와 세 아이를 땅에 묻었다. 첫째 아이를 묻었을 때는 아버지께서 곁에 계셨고 둘째 아이를 묻었을 때는 아내가 곁에 있었다. 그때는 이보다 가슴 아픈 일은 없을 것 같았는데 옆에 아무도 없이 홀로 아이를 묻고 있으니 지금이 더 아팠다. 아내가 낳아준 딸이 예쁘게 자랐다면 얼마나 위로가 됐을까. 옆에는 봉증이가 풀을 뜯고 놀고 있었다. 이 아이는 애미가 없는 삶을 살아야 한다. 엄마의 따뜻한 품을 모르고 엄혹한 세월

---

22) 길제(吉祭): 죽은 이의 신주를 사당에 안치하기 위해 담제禫祭를 지낸 다음 달의 정일丁日이나 해일亥日에 지내는 제사로 길제를 지낸 후 상복을 벗고 평상복을 입는다.

을 견뎌야 한다. 서른 살이 된 자신도 지금 엄마가 그리운데 이 아이는 엄마도 없이 자라야 한다.

"아부지, 내 배고프다."

봉증이가 배가 고프다는 말에 정신이 났다. 해가 넘어가는데 아침만 먹고 올라와 종일 여기 있었으니 배가 고플 것이다. 아이가 배가 고파하는 것도 모르고 있었구나. 내려가서 밥을 먹여야지. 아내는 떠났어도 나는 봉증이와 저녁을 먹어야지. 비록 세 아이를 땅에 묻었을지언정 내겐 봉증이가 있다. 두 번의 혼인, 두 번의 상처, 세 아이를 묻은 끝에 봉증이를 얻었다. 하늘이 내게 하락하신 아들이다. 나를 이어 이 집안의 대들보가 될 아이다.

"아, 그래. 이제 내려가자."

노상추는 어린 봉증이를 등에 업고 둘째 아내와 딸의 묘소를 다시 둘러봤다. 가슴은 무너져 내리지만 봉증이가 있는 이상 다시 일어설 수밖에 없다. 하늘은 생명을 내리기도 하고 거둬가기도 한다. 이 모든 고통과 아픔은 봉증이를 내게 주시기 위한 천지신명의 노력일 것이다. 잃은 것을 슬퍼하기보다 얻은 것을 지켜야 한다. 봉증이를 지켜야 한다.

'고맙네. 봉증이를 낳아줘서 참말로 고맙네. 내 봉증이를 훌륭하게 키우꾸마. 안강 노씨 가문을 일으킬 자손으로 훌륭하게 키우꾸마. 하늘에서 지켜주게. 우리 봉증이를 꼭 지켜주게.'

6. 용용 庸庸
1777년 · 정유년 · 정조 1년 · 1월 · 31세

지난 이 년간 마을에 돌던 염병도 이제 잦아들어 정유년 정월에는 가묘의 절기 제사를 지낼 수 있었다. 친척들이 떠나고 노상추는 상근과 정엽, 용엽이와 사랑채 방에서 차를 마셨다. 봉증이가 말했다.

"어무이가 화롯불에 꿉아 묵을 것 갖다주신다 캤심더."

아내가 사랑방 앞에 오는 기척 소리가 나자 봉증이는 부리나케 마루로 뛰어갔다. 아내는 봉증이가 먹을 밤과 고구마가 든 소쿠리와 어른들이 먹을 다식을 차려왔다. 아내는 키가 작고 얼굴이 까무잡잡하면서도 몸놀림이 부산했다.

"봉증아, 받아라."

"예!"

아내는 다식과 양갱, 떡을 올린 개다리소반을 내려놨다. 개다리소반은 아내가 시집올 때 해 온 것인데 친정이 가난한지라 볼품없는 혼수에 끼어왔었다. 노상추는 둘째 부인이 사망하고 나서 육 개월 만에 혼인을 했다. 앞뒤 잴 틈도 없었다. 인동 낙촌에 사는 서린복이라는 사람이

노상추에게 딸을 줄 의향이 있다고 하자 노상추는 바로 혼서를 보내고 열닷새 만에 바로 혼례를 올려버렸다. 정엽이가 부랴부랴 혼례물품을 사왔고 인서동 족숙이 요행하여 처가에 처음 갔을 때 지붕이 내려앉을 것 같은 초가집을 보고 한숨이 나왔었다. 첫째 부인과 둘째 부인은 떵떵거린다고까지는 아니지만 번듯한 집안에서 잘 자란 반가의 여성들이었다. 첫째 부인은 풍채가 크고 남자처럼 대범했지만 마음 씀씀이가 곱고 명철한 여성이었고 둘째 부인은 오밀조밀하게 생긴 이목구비가 매력적이고 지혜롭고 현명한 여성이었다. 노상추는 두 여인을 참으로 사랑했다. 그런데 세 번째 혼인이다 보니 이래저래 따질 형편도 못 되고 아이가 딸린 홀아비에 삼혼 정도 되니 혼처를 구하기가 어려웠다. 안주인 자리를 오래 비워둘 수도 없는 처지여서 양반가라 하니 비록 빈궁한 집안이라 해도 달리 선택의 여지가 없었다. 둘째 부인과 혼인할 때만 해도 하회 처가에 위신을 세우기 위해 동네에 말도 여기저기서 빌리고 종들도 열 명 넘게 사서 성대한 혼례 행렬을 만들었다. 하지만 세 번째 결혼에서는 아버지 장례를 치르랴, 과거 보러 다니랴, 동생과 조카들 혼례도 올리랴, 집안에 여유가 없어 모든 비용을 최소로 할 수밖에 없었다. 쓸쓸한 초가집 마당에서 아버지도 없이 혼례를 올리다보니 서글퍼서 울고 싶었다. 앞에 서 있던 신부가 더 땅딸해 보였고 눈은 사팔뜨기 같았다. 신부에게 절을 하며 노상추는 마음이 딱딱하게 굳어졌다. 내가 이 여자랑 평생 살 수 있을까. 앞서 먼저 세상을 뜬 두 여인이 마음에 더 차올라 슬픔이 밀려왔다. 그렇게 사랑했건만 어찌 그 여인들은 모두 그리 무정하게 세상을 떴단 말인가. 내 팔자가 왜 이리 기박한가. 둘째 아내와 혼례를 올릴 때 노상추는 어둠 속에서 방황하던 자신이 광명한 세상으로 나온 듯한 기쁨을 느꼈다. 하지만 세 번째 혼례에서는 칠흑 같은 어둠에서 더 낭떠러지로 아래로 떨어지는 것 같았다. 이런 마음으로 정말 한평생을 살아갈 수 있을까. 이 여인과 정말 행복할 수 있을까. 하지만 내 행복은 중요한 게 아니다. 후사를 잇고 가문을 이어가는 것이 중요하다.

"봉증아, 보래이. 고구마는 안에 있고 밤은 가장자리에 뒀으이 냔중에 꺼내 묵으면 된다."

"예."

어린 봉증이는 항상 새어머니에게 존대했다. 누가 그렇게 하라고 한 것도 아닌데 아이가 그렇게 했다. 봉증이는 둘째 아내를 닮아 그런지 인품이 온존했고 어른처럼 말과 행동을 항상 삼갔다. 노상추는 봉증이를 보며 항상 둘째 아내 생각을 했다.

"자, 그럼 드시면서 말씀 나누이소. 지는 나가보겠십니더."

아내가 말했다.

"형수님도 함께 드시지요."

상근이가 말했다.

"맞심더. 아침부터 수고 많으셨는데 숙모님도 앉아서 좀 드셔 보시소."

정엽이가 정이 넘치게 말했다. 아내는 노상추의 얼굴을 힐끗 보더니 자리를 털고 일어났다.

"아입니더. 아입니더. 부엌에 일이 산더미입니다. 여종들 일하는 거 가서 봐야지예. 말씀 나누이소."

아내는 뒤뚱거리며 부산하게 방을 나갔다. 노상추는 아내가 자기를 힐끗 보는 눈길이 거슬렸다. 그 눈길에서 '흥! 당신이 내 나가라 카는 거 보이요.' 라고 말하고 있었다. 아내는 콩콩거리는 발걸음으로 나가 문을 탕 닫았다.

"봉증아, 맛있겠다, 그자?"

용엽(의증)이는 화로를 보고 있는 봉증이를 보며 말했다. 둘째 조카 용엽은 재작년 상투를 틀고 용엽이라는 새 이름을 받은 후 혼례를 올렸다. 용엽을 장가보내고 비로소 노상추는 비로소 마음이 편해졌다. 형수도 두 아들을 다 장가보냈으니 이제 두 다리 뻗고 살아도 되겠다며 기뻐했다. 노상추는 용엽과 정엽을 분가시켰고 형수는 정엽의 집에서 살고 있었다. 상근이도 지난 해 집을 새로 지어 분가를 해서 서로의 집을 오가며 살고 있었다. 노상추는 동생과 두 조카, 그리고 봉증이를 둘러보았다. 열 여섯에 이 집안의 가장이 되었을 땐 어머니와 아버지, 그리고 올망졸망한 두 조카와 두 동생을 데리고 살았는데 이젠 두 분 다 세상을 떠나시고 동생들과 조카들은 모두 장성하여 집을 떠났다. 정엽과 용엽은 아직 아이 소식이 없다.

"봉증이 올해 몇 살이고?"

상근이 물었다.

"일곱살입니더."

봉증이가 말했다.

"그래, 다 컸구나."

상근은 봉증이의 머리를 쓰다듬어주었다. 노상추는 동생을 바라보다 눈을 감았다. 상근은 지난해 병신년 시월에 그토록 기다리던 아들을 낳았다. 노상추는 자기 아들을 낳은 것만큼이나 기뻤다. 서른이 넘도록 자식이 봉증이 하나 밖에 없었던 것이 그토록 걱정이었는데 상근이 아들을 얻었으니 집안의 큰 경사였다. 제수씨도 칠순의 사부인께서 곁을 지켜주셔서인지 건강했다. 노상추는 사부인께 감사의 마음을 전했고 사부인도 딸이 아들을 낳아 노상추 가문에 면이 섰다며 기뻐했다. 사부인은 삼칠일은 보살펴주시겠다며 딸의 산후조리에 열심이셨다. 칠순이 넘은 나이에도 근력이 있어서 이런 저런 일을 마다하지 않으셨다. 그런데 제수씨는 출산한 지 일주일째 되는 날 갑자기 배가 아프다며 고통스러워하다가 죽 한사발을 먹은 후 온몸에 땀을 흘리고 세상을 떠나버렸다. 칠순의 사부인은 딸의 출산을 도우려 왔다가 난데없이 딸의 임종을 지켜보는 신세가 되어 버렸다. 가슴 벅찬 경사가 한순간에 오장육부를 도려내는 흉사로 변했다. 딸의 시신을 잡고 통곡 하는 사부인을 바라보는 노상추도 마음이 갈가리 찢어지는 것 같았다. 딸의 장례를 치른 후 사부인은 노상추가 내어준 말을 타고 집으로 돌아갔다. 사부인의 내려앉은 어깨가 고개를 넘어가는 모습이 너무나 가슴 아팠다. 또 상근이 받을 고통을 너무나 잘 알기 때문에 더 아팠다. 아파도 내가 아픈 게 낫지 동생이 그 아픔을 겪는다 생각하니 더욱 아팠다. 이제 아내를 잃은 지 두 달이 되어갔고 상근이는 간신히 하루하루를 버텨나가고 있다. 상근의 아들 호증이는 동네에서 유모를 구해 키우고 있었는데 무사히 자라고 있어 다행이었지만 언제나 살얼음판을 걷는 것 같았다. 부디 호증이가 잘 커야 할 텐데. 상근은 노상추보다 몸이 허약해 병치레를 많이 했다. 노상추는 동생이 이 흉시를 잘 견뎌낼 수 있을지 걱정이었다.

"올해 내 과거 보러 갈끼다."

"그래, 형님, 과거 봐야지."

"상근이 니도 갈래?"

상근도 요 몇 년 상추와 함께 활터에 나가 활쏘기 연습을 했다. 함께 무과 시험을 보러 가도 좋을 것이다.

"아직 내가 기력이 달린다. 또 실력도 아직 시험을 보러 다닐 정도는 아이다. 일단 건강을 완전히 회복하고 활쏘기 연습도 더 많이 해야 무과 시험을 보러 갈 수 있지 않겠나."

"그래. 과거는 그렇다 쳐도 혼인은 미루지 말고 올해 안으로 하그라."

"서두를 기이 머가 있겠소."

상근이 씁쓸하게 말했다.

"아이다. 니 아아들을 언제까지 여종 손에 키우게 할끼고. 미루면 미룰수록 손해잉기라. 서둘러서 혼처를 알아보고 과거도 보러 다녀야지."

노상추가 다짐하듯 말했다.

"알았소."

상근이 고개를 끄덕였다.

"정엽이 니는?"

노상추는 정엽을 쳐다보며 물었다. 정엽은 문과 향시에 이 년 전 낙방한 후로는 과거를 보지 않고 있었다.

"지는 마 실력이 마이 부족해가아 공부를 몇 년 더 해야 할 것 같십니더."

노상추는 고개를 끄덕였다. 그리고 용엽을 쳐다봤다. 용엽이는 어릴 적부터 공부라면 학을 떼는 아이였다. 글자와 철천지원수라도 진 듯 앉아서 책을 읽으라 하면 울기부터 했다. 그래서 그런지 나이가 들어도 책을 들지 않았다. 천자문 떼고 소학 정도 읽는 것도 형수가 사정사정하고 노상추가 회초리를 휘둘러서 겨우겨우 해냈다. 노상추가 아무리 양반가 자제가 공부해야 한다고 꾸짖고 타일러도 눈알을 뱅글뱅글 돌리며 딴청을 피웠다. 이제 장가까지 간 마당에 뭘 더 하라 말라 할 수도 없었다.

"올해부터는 과거 시험 발표가 나는 대로 다 가볼 끼이다. 비용이 많이 들어서 초시는 한양꺼지 안 가고 주변에 가장 가까운 과장으로 갈 끼이다. 올해는 2월 22일에 고성에서 무과 초시가 열린다. 올여름에도 과거가 있으이 그것도 쳐볼 생각이다."

상근과 정엽, 용엽은 고개만 끄덕이고 있었다. 노상추는 작년 정월 이맘때에도 똑같이 과거를 보러가겠다고 했다. 그리고 1월 7일 새어머니 제사를 지낸 후 바로 한양으로 출발했다. 아버지 장례 후 삼 년간 과거를 보지 못하다가 비로소 작년부터 본격적으로 과장을 다니기 시작했다. 작년에도 비장한 각오로 아버지께서 물려주신 면화밭 중 반을 팔아 노잣돈을 마련했다. 과거가 1월과 3월에 있어 1월에 떨어지면 3

월 과거를 볼 요량이었다. 그런데 1월 11일 용인에 도착하자마자 과거가 취소됐다는 소식을 들었다. 같이 간 일행은 고향으로 돌아가자 했지만 노상추가 밀어붙여서 3월 과거를 보기로 하고 한양 도성으로 들어가 머물면서 활 연습을 했다. 세손께서 고령이신 주상을 대신하여 대리청정하시는 시기여서 법령 적용을 엄격하여 과거를 보는 절차도 까다로워졌다. 세손[23)]께서는 한양 이곳저곳에 자주 행차하셨는데 그럴 때마다 나가서 기다렸다가 세손의 행차를 봤다. 한번은 세손을 가까이에서 뵈었다. 세손께서 동대문 밖 관왕묘(關王廟)[24)]에 행차하고 오실 때 궁으로 바로 들어가시지 않고 대문 앞에서 막차(幕次)[25)]를 설치하시고 군문의 대장들을 알현하셨다. 노상추는 군문의 대장들을 거느린 젊은 군주의 모습에 크게 감동받았다. 세손께서 자신보다 여섯 살이니 젊으셨지만 열 살에 임오년의 변을 겪으시고 아버지를 잃는 참절의 고통을 당하시었다. 서른 가까이에 아버지를 잃은 노상추는 열 살의 어린 나이에 그런 일을 겪고도 굳강하게 일어나 세손의 자리에 오르셨다는 것이 기적처럼 느껴졌다. 분명 세손은 일개 시골 서생이 감히 판단할 수 없는 분이시었다. 하늘의 명을 받아 세손 자리에 오르시었으니 그 늠름함과 강건한 기상에 저절로 고개가 숙여졌다. 노상추는 세손께서 주상전하를 뛰어넘는 위대한 군주가 될 것이라 생각했다. 그리고 장차 자신도 이제 얼마 후엔 저 행차 어디에선가 왕이 되어있을 저분을 보필한다 생각하니 가슴이 뜨거워졌다. 노상추는 동수문(東水門)이나 광희문(光熙門)[26)] 밖에 있는 활터에 나가 열심히 활쏘기를 연습했다. 한양에서 지

---

23) 정조

24) 관왕묘(關王廟): 중국 촉나라 장수 관우를 신앙하기 위한 묘당

25) 막차(幕次): 막을 설치하여 임금의 어가가 머무르게 하는 것.

26) 광희문(光熙門): 조선의 사소문(四小門)의 하나. 청계천 이간수문과 가까워 시신을 내보내는 역할을 함.

내다 보니 땅을 팔아 마련한 돈을 아무리 아껴 쓰려해도 후루룩 빠져 나갔다. 3월이 되어 과거 시험 날이 다가오고 있어 더욱 연습에 매진하고 있었는데 마른하늘에 날벼락 같은 소식이 날아들었다. 주상께서 승하하신 것이다. 무려 51년 동안 나라를 다스리신 주상께서 붕어하시니 충격이었다. 그 때문에 모든 과거 시험이 취소됐다. 노상추는 허망한 마음으로 또 집으로 올 수밖에 없었다. 거의 두 달 동안 한양에 머무르며 과거 준비에 매달리다 허탕치고 집에 돌아오니 땅 팔아 간 돈은 다 썼고 용엽과 용엽의 처가 염병에 걸려 사경을 헤메이고 있었으며 형수는 염병을 피해 산지기 집에 피신해 있었다. 또 윤이 아재도 염병으로 세상을 뜨고 난 후였으니 살아서 그토록 친하게 지내던 아재와 작별 인사도 하지 못했다. 큰 재산 쏟아붓고서도 결국 시험도 못치고 내려와 염병에 난리가 난 집안을 둘러보니 쓰디쓴 마음을 가눌 길이 없었다. 7월 25일에는 조선 팔도가 국상을 치렀고 노상추도 나라에서 정한 장례복을 입고 곡을 했다.

그래서 올해에는 무조건 한양으로 올라가는 게 아니라 주변에서 열리는 향시 과장으로 가기로 마음먹었다. 1월 24일 노상추는 고성을 향해 떠났다. 손돌이가 말 안장에 곡식과 미숫가루, 떡을 실었다. 아내는 노상추 뒤를 따라나와 괴나리봇짐을 건네줬다. 매운 손끝으로 단단하게 싼 괴나리 봇짐을 받아 어깨에 메고 말에 오르니 기분이 좋았다. 아내는 살림 솜씨가 좋았다. 작은 몸을 뒤뚱거리고 움직이며 잠시도 쉬지 않고 일했다. 아내가 데면데면하게 말했다.

"잘 댕기오이소."

아내와 혼인한 후 노상추는 아내 곁에 붙어있은 적이 별로 없다. 과장을 찾아 여기저기 헤매고 다녔고 집에 와서는 활터에서 먹고 자면서 활 연습에만 매진했다. 이번 시험도 아직 날이 많이 남았지만 단성 강화서당에 들러 열흘 동안 공부를 한다며 일찌감치 집을 나섰다. 아내는 노상추의 무정함에 한 번도 서운하다고 한 적은 없다. 그저 언제나 냉담한 표정이었다.

"아부지, 학운을 빕니더."

일곱 살 봉증이가 어엿하게 말했다. 아내는 그 소리가 무슨 소린지 알아듣지 못하여 더욱 눈알을 굴렸다. 노상추는 봉증이를 애틋한 눈으로 바라봤다. 사려 깊은 행동과 말씨는 애미에게서 물려받은 것이다.

"오냐. 어머니 잘 모시고 공부 열심히 하고 있거라."

"예."

"손돌아, 가자."

노상추는 가는 길에 정화경, 정명준, 정봉신과 만나 단성의 강화서당에 도착하여 무과 강서 시험 공부를 했다. 무과 회시에는 사서오경, 장감박의, 대학, 오자병법, 육도삼략 등이 나온다. 노상추는 초시를 위한 활 연습도 열심이었지만 회시의 강서 공부도 바짝 하고 있었다. 동접들과 열흘 동안 열심히 책과 씨름한 후 고성의 과장을 향해 떠났다. 이틀 후 고성에 도착했는데 낮이 되어도 바다 안개가 산을 휘감고 있어 걷히지 않으니 으슬으슬 춥고 병이 들 것 같아 걱정됐다. 과거 시험 날이 되자 비가 내리고 바람이 불었다. 고성은 바닷가라 기후가 선산과는 많이 달랐다. 날이 습해서 활을 잘 쏠지 걱정이었다. 활은 습기에 약하다. 선산보다 바람이 더 강한 것도 분명 화살이 날아갈 때 많은 영향을 줄 것이다. 목전, 육량전, 조총이 시험 과목으로 정해졌다. 조총은 활터에서 사용법을 틈틈이 익혀두었기 때문에 큰 부담은 없었다. 조총은 모두 실력이 거기서 거기지만 활은 실력 차이가 뚜렷하기 때문에 합격 여부는 활에서 결정이 난다. 이틀 후 노상추는 무과 시험을 치렀다. 과거 시험을 친 결과 목전과, 육량전, 조총 모두 기준 합격점 보다 높게 나왔다. 화경, 명준, 봉신도 점수가 잘 나와 합격을 기대했다. 노상추는 합격한 줄 알고 있었는데 확인하고 보니 합격자 명단에서 빠져있었다.

시관에게 가서 물어봤더니 조총을 쏠 때 방아쇠 위에 있는 화문을 열고 점화약을 넣은 후 흔들어야 하는데 이 부분을 생략했다고 불합격을 받은 것이다. 노상추는 조총이 잘 발사됐으면 됐지 그 부분을 생략한 것이 그렇게 중요하냐고 따졌지만 조총의 사용법을 제대로 익히지 못했으므로 불합격이라는 것이다. 같이 간 정 씨 친구들은 다 합격해서 신이 났는데 노상추만 아쉽게 떨어져 화병이 날 지경이었다. 집에 돌아오는 길에 속이 상해서 나는 왜 되는 일이 없냐고 탄식했다. 하지만 이번 시험으로 노상추는 중요한 사실을 깨닫게 됐다. 지난번 시험까지는 실력이 부족해서 떨어졌지만 이번 시험에서는 목전과 육량전에서 무난하게 합격선을 넘는 성적이 나오기 시작한 것이었다. 다음번에는 진짜 합격이 가능하다는 확신이 들었다. 과장을 출입한지 팔 년이 되어가고 있었다. 처음에는 시험 삼아 보러 다녔지만 지금부터는 다르다. 그간 과장을 드나들며 친구들과 꾸준히 노력하여 자신도 모르게 활쏘기가 합격권 안에 들어가게 된 것이었다. 그렇다. 급제가 이제 드디어 시야에 들어오고 있었다.

  정화경, 정봉신, 정명준은 회시를 치러 한양에 올라갔지만 모두 낙방을 했다. 선산에서 다시 만난 네 친구는 이제 급제가 눈앞에 있다면서 더욱 활쏘기 연습에 매진했고 회시에 대비해서 글공부도 열심히 했다. 노상추는 마음이 급해져서 일기를 쓰는 시간도 아까워 생략하고 공부와 활쏘기에 열을 올렸다. 올해 안에는 붙어야 한다. 이번으로 과장을 돌아다니는 일에 끝을 내자. 이제 팔아먹을 전답도 얼마 남지 않았다. 농사일도 상근과 정엽에게 나눠서 부탁을 해놓고 노상추는 7월 26일 무과 증광시를 보러 김해로 향했다. 노상추는 정 씨 친구들과 함께 대구, 청도를 거쳐 김해로 들어가 과장과 가장 가까운 집을 숙소로 정했다. 김해 관아에서 열린 무과 시험에 상시관(上試官)[27]으로 울산의 병

---

27) 상시관(上試官): 조선시대 과거시험 감독관의 우두머리

마우후(兵馬虞候)[28]가, 부시관으로는 장기 현감이 와 있었다. 시험 과목은 유엽전, 육량전, 조총, 기추, 기창(騎槍)[29]이었다. 유엽전은 백 보 떨어져서 과녁을 맞혀야 하고 육량전은 오십 보 이하 탈락, 백삼십 보 이상 만점이었다. 8월 4일 과거 시험이 유엽전으로 시작했다. 노상추는 한번은 과녁을 맞혔고 한번은 실패했다. 다음 날은 육량전을 쐈는데 한번은 70보, 한번은 85보를 쐈다. 8월 6일에는 조총, 기추, 기창을 봤다. 조총은 세 발 중 한 발은 변을 맞추었다. 기추는 말을 타고 가며 다섯 개의 화살을 쏘아 다섯 개의 과녁을 맞히는 것이었는데 두 번 맞혔다. 기창은 말을 몰고 가면서 허수아비를 창으로 찌르고 베는 시험인데 노상추는 한번 찌르는 데 성공했다. 시험을 모두 마치고 나오는데 화경이가 말했다.

"이번에 우예 될 것 같노?"

"잘 모르겠다."

노상추가 말했다.

"내가 내 앞뒤에 시험치는 사람들을 다 봤는데 마 날이 이래 습해서 그런가 몰라도 유엽전이 과녁의 반도 몬 가서 떨어지는 기이 허다분하드라. 이번에는 잘하면 입격할 수 있지 않겠나."

다음 날 8월 7일 놀라운 결과가 나왔다. 함께 시험을 본 정경유, 정화경, 정청지와 함께 노상추도 무과 초시에 입격한 것이다. 자신의 이름이 방목에 올라있는 것을 보고 노상추는 눈을 비비고 다시 보고 또 비비고 다시 봤다. 자기 이름이 방목에 오른 것은 처음이었다.

"이기 꿈이고 생시고?"

"봐라, 봐! 상추야, 붙었다! 우리 전부 다 붙었다!"

---

28) 병마우후(兵馬虞候): 각 도에 둔 병마절도사와 수군절도사를 보좌하는 일을 맡아보던 무관 벼슬.

29) 기창(騎槍): 조선시대 무과 시험 과목 중 하나로 말을 타고 가면서 창을 쓰는 시험.

입격했다! 벼락이 머리를 내리치는 기분이었다. 저 방목에 내 이름이 오르다니 믿기지 않았다.

"자, 그라면 우예야 되노? 우예야 되노?"

정화경이 떨리는 목소리로 말했다.

"우야기는? 회시 치러 한양에 가야지!"

정명준이 말했다.

"지금 당장 갈까?"

정청지가 말했다.

"아이다. 집에 가서 다시 행장을 꾸리가아 한양으로 가자."

노상추와 일행은 일단 집으로 귀가했다. 노상추가 초시에 합격했다고 하자 아내는 빙긋이 웃으며 말했다.

"잘 됐네예."

정엽, 용엽이와 상근이는 뛸 듯이 기뻐했다. 용엽이가 봉증이에게 말했다.

"봉증아, 아부지 무과 초시에 입격하싰다! 축하드립니다 캐라."

"아부지, 축하드립니더! 그라면 이제 아부지 궁궐에 들어가시는 깁니꺼?"

봉증이가 물었다.

"아이다. 초시에 합격한 건 아무것도 아이다. 회시까지 붙어야 붙는 기이다."

"그래도 형님이 과거에 붙은 게 이번이 처음이다 아이가. 내는 형님이 지난 십년 동안 활쏘기를 그래 열심히 하시고 새벽마다 책 읽고 공부하셔도 매번 떨어지셔가아 참말로 답답했데이. 그란데 역시 형님께서 노력하신 기이 하늘을 감동시키셨구마는. 하하하."

노상추는 그달 8월 28일에 회시를 보러 한양으로 떠났다. 한양에 갈 때마다 초시만 치고 내려왔는데 이번에는 회시를 보러 한양에 가니 감개무량했다. 이 기세를 몰아서 꼭 붙으리라 다짐하며 한양으로 올라갔다. 9월 7일에 한강 나루를 건너 모화관 뒤에 이재홍 집을 숙소로 정했다. 말과 짐은 숙소에 두고 성내로 들어가 정화경이 머무는 숙소 주인 집에서 경국대전 강의를 들었다. 숙소 주인은 도성 안에서 숙소를 운영하면서 몇년 전부터 무과 회시 문제를 분석하고 강의했는데 그게 인기가 있었다. 노상추도 숙소 주인이 짚어주는 출제 경향을 듣고 많은 도움을 얻었다. 다음 날에는 후천동에 사천 사람 최익대라는 사람이 경국대전에 대해 밝다고 하여 그 집에 가서 경국대전 강론에 참여했다. 거기에서 들으니 궁궐에 자객이 들었는데 금군이 이를 잡아 심문해보니 홍술해의 아들 홍상범이 왕을 죽이고 은전군(恩全君)[30]을 왕으로 추대하려 했다 자백하여 술해와 상범은 주살되고 은전군에게는 사약이 내려질 것이라고 한다. 노상추는 홍가들이 군왕에게 성은을 입어 호의호식하며 지낸 것도 모자라 군왕을 해치기까지 하려 했다는 말을 듣고 피가 거꾸로 솟았다. 아직 보위에 오르신지 얼마 되지 않아 왕권이 안정되지 못하였으니 하루빨리 급제하여 주상전하 곁에서 항상 뫼시고 싶었다. 9월 15일 드디어 회시가 시작됐다. 이번 회시에서는 목전, 육량전, 조총, 기추를 본다. 목전에서 정명준은 기준거리를 10보 넘겼고 화경은 첫발에서는 실패하고 두 번째에서는 10보를 넘겼다. 노상추는 32보를 넘겼다. 정청지는 3발 모두 기준거리에 미치지 못했다. 육량전에서 정명준은 첫발에서는 실패, 두 번째 발에서 10보를 넘겼다. 정화경은 40보를 넘겼고 노상추는 첫발에서는 실패했지만 두 번째에서는 20보를 넘겼다. 조총은 변을 맞추었고 기추에서는 한 발도 맞히지 못했다. 시험을 마치고 숙소로 돌아와 시험 점수를 계산해 보았다.

"내는 90획 이상 받았다."

---

30) 은전군(恩全君): 사도세자 장조(莊祖)의 아들이며 모친은 경빈박씨(景嬪朴氏)이다

화경이 말했다.

"아따, 잘했네. 내는 60획 이상 정도 될 것 같은데. 상추 니는?"

명준이 물었다.

"내는 대강 70획 정도는 받을 것 같데이."

노상추가 말했다.

"그라믄 마 실기 시험은 그런대로 봤는데 문제는 강서 시험이구마는."

"이번 식년시에는 오자(吳子)³¹⁾가 나온다 안 하나. 다들 오자병법 읽고 가라."

노상추가 말했다.

"아이다. 오자 아이다. 삼략이다, 삼략! 육도삼략(六韜三略)³²⁾!"

명준이 말했다.

"머라꼬? 오자 아이드나? 내는 그렇게 들었는데?"

노상추가 놀라서 물었다.

"야가 무신 소릴 하노? 식년시에 오자가 나오는 기이 아이고 삼략이 나온다."

"참말이가?"

"자기 전에 삼략 대강 한 번 보고 자그라."

노상추는 밤새 삼략을 읽었다. 다 아는 내용이라 자신감을 갖는 게 중요하다. 떨지 말고 아는 대로 잘 말하면 통, 약, 조 중에 하나는 맞을 수 있다. 불통만 안 맞으면 된다. 하나라도 불통을 맞으면 그 자리에서 탈락이니 불통만 안 맞으면 노상추 실력에 합격권 안에 무사히 들 수 있을 것이다. 문과 공부를 오래 해서 강서 시험은 그런대로 자신이 있었다. 평소 실력대로만 하면 된다. 노상추는 그렇게 마음을 다잡으

---

31) 오자(吳子): 손자병법과 함께 전해지는 중국 전국시대의 병법서.

32) 육도삼략(六韜三略): 육도와 삼략을 아우르는 말로 중국 고대 병학(兵學)의 최고봉인 '무경칠서(武經七書)' 중의 2서(書).

며 잠에 들었다. 다음 날 강서 시험이 시작됐다. 시험장 밖에서 대기하다가 이름이 불리자 안으로 들어갔다. 시험관이 두 명이 있었고 시험을 돕는 사람들이 세 명 서 있었다. 한 명이 다가와 찌통을 내밀었다. 노상추는 떨리는 손으로 찌를 뽑았다. '우' 자를 뽑았다. 노상추가 찌를 시험관에게 드리니 시험관은 찌의 글자가 쓰여진 시험지를 뽑아 노상추에게 주었다. 시험이 시작됐다. 첫 번째 시험은 장감박의의 양호전에 나오는 글이었다. 노상추는 무난하게 해석하고 뜻을 말하여 조를 받았다. 다음 문제는 대학에 나오는 '詩云 殷之未喪師에 克配上帝러라. 儀監于殷이어다 峻命不易이로다 하니 道得衆則得國하고 失衆則失國이니라.' 였다. 노상추는 자신 있게 음을 읽고 '詩에 이르되 은나라가 민심을 잃기 전에는 치덕(治德)이 능히 상제와 대등하였다. 흥망 내력을 은나라에서 살필지어다. 큰 명은 바뀌지 않는다. 하니, 민심을 얻으면 나라를 얻고, 민심을 잃으면 나라를 잃는다.' 라고 강했다. 스스로 이만하면 완벽하다고 생각하고 '통'이라고 성적을 매겨줄 줄 알고 기다리고 있었다. 그랬더니 시험관은 '조'라고 했다. 노상추는 억울했지만 다음 문제로 넘어갔다. 다음 글은 육도삼략의 상략 중 '軍讖曰 佞臣在上, 一軍皆訟' 부분이었다. 노상추는 오자병법이 나올 줄 알았는데 육도삼략이 나와서 적잖이 당황했다. 친구들 말이 맞았구나 생각하고 떨렸지만 정신을 바짝 차리고 강하기 시작했다. '군참에 이르기를 아첨하는 신하가 위에 있으면 군사가 모두 불평한다.' 로 시작하여 순조롭게 출발했다. 시험관은 고개를 끄덕이며 넘어갔다. 노상추는 계속 읽어가며 강하였다.

"誣述庸庸(무술용용) 떳떳한 사람을 거짓되다 말하며……."

"그만!"

시험관이 갑자기 그만이라고 하자 노상추는 깜짝 놀랐다.

"그 부분을 다시 강하시오."

노상추는 깜짝 놀라 정신을 가다듬고 떨리는 목소리로 다시 강했다.

"무술용용, 떳떳한 사람을 쓰는 것을 거짓되다 말하며."

그때였다. 시험관이 갑자기 소리쳤다.

"불통! 뜻이 완전히 틀렸소. 삼략을 다시 공부하고 오시오!"

노상추는 어질어질하며 나왔다. 정 씨 친구들은 아직 시험을 기다리고 있었다. 노상추는 숙소에 돌아와 육도삼략을 꺼냈다. 그리고 상략을 찾아보았다.

"誣述庸庸(무술용용). 거짓으로 용렬한 자를 칭찬하고."

노상추는 머리를 방바닥에 찧었다. 이런 바보 같으니라고! 庸庸의 뜻을 완전히 잘못 말했잖아! 庸은 여기에서 떳떳하다는 뜻이 아니라 평범하다 혹은 용렬하다는 뜻이다. 이것을 떳떳하다고 해석했으니 완전히 틀리게 말한 것이 됐다. 아! 이것만 아니었어도 급제를 바라볼 수 있었는데. 용용 때문에 떨어지다니! 용용 때문에 떨어지다니! 글자 하나 때문에 떨어지다니! 노상추는 억울하고 분한 마음에 방바닥을 데굴데굴 굴렀다. 절호의 기회였는데! 절호의 기회였는데! 이것만 아니었으면 급제였는데! 분하다, 분해! 이 망할 놈에 용庸자 땜에 망했구나!

7. 마지막 한 발

1779년 · 기해년 · 정조 3년 · 1월 · 33세

"봉증이 우데 갔노?"

기해년 삼월 노상추는 아침부터 봉증이를 찾았다. 오늘은 정엽의 아들 종옥이의 돌잔치가 있는 날이다. 아내도 부산하게 외출을 준비하고 있었다. 종옥이 돌 선물로 줄 색동저고리, 약과 한 상자, 미역 한 뭇, 조기 한 두릅, 약대구 세 마리를 소달구지에 싣게 하고 자신도 옷을 차려입느라 바빴다.

"봉증아!"

노상추는 다시 한번 봉증이를 불렀다. 봉증이가 대문 안으로 들어왔다. 손돌이가 봉증이 뒤에 따라 들어왔는데 가만 보니 봉증이 옷에 흙이 묻어 있는 게 엉망진창이었다.

"우델 다녀오노?"

노상추가 물었다.

"앞에서 동네 친구들과 제기를 차고 놀았심더."

봉증이가 말했다.

"그란데 와 옷에 흙이 그래 묻어있노?"

"제기 차다 넘어졌심더."

"옷 갈아입고 온나. 오늘 종옥이 돌잔치에 가는데 그래 옷을 입고 가면 되겠노."

봉증이는 아내가 있는 안채로 들어갔다. 노상추는 손돌이에게 물었다.

"자, 우데서 싸우고 온 거 아이가?"

손돌이는 우물쭈물하며 대답했다.

"예, 지가 나가 보이 동네 아들이랑 멱살을 잡고 싸우고 있었십니더. 제가 뜯어말리면서 와 이러느냐꼬 하이까네 동네 아아들이 봉증이가 즈그들을 주어팼다는 기라예. 와 주어팼냐꼬 했더이만 느그 아부지는 평생 과거만 보다가 꼬부랑 할배 되겠다꼬 놀렸다 안 합니꺼. 그래가 아 도련님이 화가 나서 대가리를 주어팼답니더."

"푸하하하하하. 고놈들 참 맹랑하구마는. 아하하하하······."

노상추는 아이들의 짓궂은 말에 점잖은 봉증이가 주먹질했다는 게 우스워서 파안대소했다. 하긴 동네 사람들이 허구한 날 낙방만 하고 축 처진 어깨로 집에 돌아오는 노상추를 보고 뭐라 할지 안 들어도 뻔했다. 과거를 보러 다닌 지도 이제 십 년이 다 되어가고 나이도 서른 하고도 넷이다. 친구들은 벌써 아들딸 시집 장가 보내고 손자도 감나무에 감이 주렁주렁 열리듯 늘어나는데 자기는 이제 겨우 아홉 살 난 어린 아들 하나에 과거도 급제하지 못하고 있으니 한심하기 짝이 없었다. 과거를 보러 갈 때마다 팔아먹어 남은 땅뙈기로는 먹고 살기도 난망하게 되었다. 아내는 나날이 궁색해지는 형편에 한마디 불평 없이 열심히 채마밭을 돌보고 면화 농사 지은 것으로 길쌈을 해서 식구들 옷 해 입혔고 남은 무명은 노비를 시켜 장에 내다 팔게 했다. 그나마 노상추 집안이 망하지 않고 버티는 것은 아내가 워낙 독하게 일을 하고 손끝이 매워 살림살이를 규모 있게 하기 때문이다. 노상추는 그런 아내에게 차츰 마음의 문을 열기 시작했다. 비록 땅딸하고 사팔뜨기였지만 강인하고 재리에 밝아 활만 쏘고 공부만 하는 노상추를 잘 보필하고 있었다. 고마운 처에게 잘해줘야겠다고 마음먹지만 잘 표현하지 못했다. 더구나 요즘은 과거 급제가 더욱 요원하게만 느껴져서 무척 우울했다. 동네 아이들의 놀림감까지 되고 보니 모든 게 우습게 느껴질 따름이었다. 노상추는 재작년 정유년 한양에 회시에서 떨어지고 난 후 더욱 과거 시험에 매달렸다. 회시에서 떨어진 것이 너무 억울해서 그해 10월 바로 대구로 가서 도내 시험을 봤다. 그 시험에서 좋은 성적을 거두면 다음 과거에서 초시를 건너뛰고 회시로 바로 갈 기회가 주어졌다. 노상추는 급한 마음에 가서 시험을 봤지만 불합격이었다. 그래서 작년 무술년 7월에 한양으로 다시 상경했다. 당시 정달신이 취재에서 일등을 해서 관직을 받을 수 있게 됐지만 나라에 말을 바쳐야 한다는 조건 때문에 마음이 심히 괴로워하고 있었다. 어려운 살림에 삼십냥이나 하는 말을 바칠 방법이 없었다. 결국 달신 형은 관직을 포기하고 다음 도목을 기다릴 수밖엔 없었다. 7월 7일에는 시험 과목이 발표됐는데 목전은 150보, 철전은 100보를 기본 거리로 넘겨야 했고 기추는 두 번 이상, 편추는 세 번은 맞혀야 했고 강서 시험은 무경칠서 중 오자병법을 제외하고 본인이 원하는 책 하나를 정하되 조 이상의 점수를 받아야 했다. 이 시험에서 새로이 도입된 규정은 목전 시험에서 세 발을 쏠 수 있는데 그 중 한번이라도 기준거리에 미치지 못하면 획수와 관계없이 바로 탈락이었다. 노상추는 남은 며칠 동안 연습을 동수문(東水門) 활터에서 친구들과 열심히 연습했는데 너무 열심히 해서 그런지 활시위가 끊어지면서 활시위를 고정시키는 도고자[33]와 심고[34] 부분이 부서져버렸다. 낭

---

33) 도고자: 각궁의 끝부분
34) 심고: 활 끝에 시위를 거는 고리.

패였다. 활은 몸에 익어야 하는데 낯선 활로 시험을 쳐야 하다니. 노상추는 부랴부랴 모화관 밖에 있는 민찰방을 찾아가 목궁과 목전을 새로 구입했다. 밥 먹을 돈도 없는 판에 활을 다시 사야 한다니 미칠 노릇이었다. 그래도 과거 시험은 봐야겠기에 친구들에게 고향 가서 갚겠다고 한 푼 두 푼 억지로 빌렸다. 마음에 드는 좋은 활을 사려면 삼십냥 정도는 줘야 하지만 세 냥짜리로 사다 보니 활이 뻑뻑하고 무겁기만 했다. 며칠 동안 새 활을 쏘느라 어깨에 너무 힘을 줬는지 과거 시험 날이 되자 어깨가 찢어질 듯 아팠다. 그래도 이를 악물고 시험을 쳐서 첫발과 둘째 발은 기준거리를 넘겼는데 셋째 발에서 기준 거리 150보에 한 보 미치지 못해 불합격됐다. 초시부터 또 떨어지다니 화병이 날 지경이었다. 정유년에 회시에서 그 '용' 자만 아니었어도 지금 이 고생은 하지 않을텐데. 어쩌겠는가. 노상추는 하는 수 없이 고향 집에 돌아왔지만 꿈에서도 계속 과장에서 활 쏘는 꿈만 꿨다. 노상추는 석 달 후 10월에 대구에서 열린 선무과[35] 시험에도 응시했지만 결과는 역시나 탈락이었다. 왜 이 모양일까? 정해년에 회시까지 갔을 땐 급제가 눈앞에 있는 것 같았는데 다시 옛날로 돌아간 것 같다. 이제 초시쯤은 바로 뚫을 수 있고 회시만 잘 보면 된다고 생각했는데 그건 노상추의 큰 착각이었다. 아무래도 과거 급제는 이번 생에는 어려운 게 아닐까?

작년 무술년은 여러모로 너무나 힘든 해였다. 힘들지 않은 해가 없었지만 작년엔 특히 그랬다. 한양에서 회시를 떨어진 후 그래도 마음을 달래주었던 것은 새로 태어난 딸이었다. 회시에서 낙방하고 귀향한 지 얼마 되지 않아 아내가 친정에서 딸을 출산했다. 꼬물거리는 딸아이를 보며 그래도 마음에 많은 위안을 얻었다. 작년 초에는 집안에 우환이 끊이지 않고 과거에도 거듭 실패만 하여 꽉 막힌 운수를 뚫고

---

35) 선무과(選武科): 조선 후기 지방에서 토호, 부민의 자제 중 선발하여 무관으로 등용하던 시험.

자 이사를 했다. 점쟁이에게 점을 치니 해를 넘기지 말라고 하여 새집을 물색하다가 신기의 월평에 김 백항이라는 사람의 논에 있는 집을 사서 일단 살림살이를 몇 가지 갖다 놓았다. 노상추는 정월과 이월 내내 아내를 친정에 두고 터닦기 공사, 주춧돌 공사를 했다. 집을 짓는 와중에 길몽을 많이 꿨다. 아버지께서 집 짓는 것을 보고 계시는 모습도 보았고 주상전하께서 청대죽(靑大竹)[36] 3개와 화살대 1부를 주시는 꿈도 꾸었다. 노상추는 꿈에서 깬 후 이제 모든 일이 잘 풀려나갈 것이라는 예감이 들었다. 마침 정엽의 아내, 질부가 해산을 앞둔 때여서 분명 튼튼한 아들을 낳을 징조라 생각했다. 그 후 새집을 지어 이사도 마쳤고 정엽은 아들을 낳았는데 이름을 종옥이라고 지었다. 종옥은 집안의 종손이어서 노상추의 기쁨은 말할 수가 없었다. 돌아가신 형님도 하늘에서 크게 기뻐하셨을 것이다. 형수도 손자가 태어나자 하늘을 날 듯 기뻐했다. 또 비슷한 시기에 새로 장가든 상근이도 아들을 낳아 노상추는 이제 집안의 흉한 기운은 다 물러가고 크게 흥할 징조라고 기뻐했다. 하지만 호사다마라 했던가. 너무나 행복해서 그랬던가. 정엽이의 처, 질부는 아들을 낳은 지 사흘 만에 가래가 끓고 숨이 가빠하더니 세상을 뜨고야 말았다. 노상추는 다시 한번 처절한 슬픔을 맛보았다. 질부는 죽은 첫째 부인의 이종사촌으로 질부를 볼 때마다 죽은 첫째 부인이 생각이 나서 마음의 정이 각별했다. 질부는 죽은 첫째 부인처럼 엄전한 성격에 덕이 높아 종가의 제사를 능히 감당할 것이라 기대하고 좋아했었다. 생김새도 첫째 부인과 비슷하여 그리 마음이 갔는데 어찌하여 가는 길도 첫째 부인과 이리도 닮았단 말인가. 노상추는 동생 상근이와 조카 정엽이 자신이 겪은 고통을 똑같이 겪는 것을 보고 마음이 아파 견딜 수가 없었다. 이것이 노씨 집안 남자들이 겪어야 하는 숙명

---

36) 청대죽(靑大竹): 갓 베어 낸 뒤에 채 마르지 아니하여 빛깔이 푸르고 굵은 대나무.

일까. 경사를 닮으면 좋으련만 어찌하여 이런 흉사를 닮는단 말인가.

질부[37]는 친정에서 아이를 낳고 죽었기 때문에 노상추는 질부의 초상을 치르기 위해 질부의 친정으로 소 두 마리와 종 일곱 명을 데리고 갔다. 질부의 관을 소달구지에 싣고 나오는데 질부의 친정 부모가 달구지를 부여잡고 통곡했다. 정엽도 아내의 관을 소달구지에 실으며 떠나갈 듯 울었고 형수도 손자를 안고 하염없이 울었다. 다행히 사돈 집에 아이를 낳은 지 얼마 되지 않아 젖이 많이 나오는 목지라는 여종이 있었다. 노상추는 집안의 종손에게 젖을 물려줄 여종이 있어서 크게 다행으로 생각했다. 지금 질부가 죽은 마당에 종손을 반드시 살려야겠기에 목지를 상전 대하듯 대했다. 목지와 종옥이를 가마에 태워 정엽의 집으로 보냈다. 반가 여인도 못 타는 가마에 여종을 태워 보낸다는 게 웃지 못할 일이었으니 갓 태어난 종옥을 살리기 위해서라면 못 할 일이 없었다. 자손이 귀한 집에서 어렵게 얻은 천금 같은 종손이었기 때문이다.

손돌이는 말 두 필을 꺼내와서 한 마리에는 노상추가 타고 다른 말 위에는 아내와 봉증이가 타고 돌잔치 집으로 향했다. 노상추는 며칠 전부터 아내에게 돌잔치에 같이 가자고 할까 말까 망설였다. 노상추는 그렇다치고 아내가 돌잔치에 가는 것이 너무 힘겹지 않을까 해서였다. 하긴 노상추도 아무리 가장이라고는 하지만 종옥이만 보면 석 달 전 뒷산에 묻은 딸아이 생각에 가슴이 쓰라렸다. 노상추는 딸을 참으로 예뻐했고 회시에서 떨어진 그 쓰라림을 딸의 재롱을 보며 달랬다. 하지만 그 딸도 작년 12월 천연두가 동네에서 돌았을 때 병을 이기지 못하고 12월 27일 숨졌다. 노상추는 갓 돌이 지난 아이를 뒷산에 묻으며 피눈물을 쏟았다. 그동안 낳은 아이들이 다 살아 있다면 지금 아들 셋, 딸 둘이었을 것이다. 첫아들이 살아 있었다면 지금 열여섯, 혼례를

---

37) 질부(姪婦): 조카며느리

올릴 나이였다. 아! 죽은 자식 나이를 생각해서 뭐 하겠는가. 모든 게 부질없다. 다 죽고 봉증이 하나만 겨우 건졌다. 과거에도 계속 떨어져서 그런지 가혹한 운명이 원망스러웠다. 비탄에 잠겨 노상추는 한동안 정신도 차리지 못했지만 아내는 씩씩하게 버텼다. 아내는 신기하게도 끄떡없었다. 둘째 부인은 첫아이가 죽었을 때 식음을 전폐하여 노상추가 많이 걱정했지만 셋째 부인은 달랐다. 오히려 노상추가 마음이 아파 밥도 못 먹고 누워있으니 밥상을 가져와 앞에 놓으며 드시라고 했다. 노상추는 처음엔 어떻게 저런 돌칼 같은 여자가 다 있을까 했지만 오히려 아픔을 드러내지 않고 오로지 일만 하는 셋째 부인이 가상하다는 생각이 들었다.

'울고불고한다꼬 아가 살아올 것 같으면 숨이 끊어지도록 안 울겠십니꺼. 지는 일하는 기이 낫심더.'

아내는 더욱 죽어라 일만 했다. 노상추가 과거를 보러 다니는 덕분에 줄어가는 가산이 걱정되어 그러나 보다 했다. 또 이사도 했기 때문에 안팎에 할 일이 산더미였다. 또 새로 이사 온 집 옆에 논과 밭을 새로 사들여서 농사를 지어야 했기 때문에 아내는 더욱 바빴다. 그래서 노상추는 종옥의 돌잔치에 같이 가려느냐고 조심스레 물었다. 아무리 종손이라 하지만 딸을 묻은 지 석 달도 되지 않아 또래의 아기를 보는 것이 많이 괴로울 거라 생각했다. 하지만 아내는 선선히 가겠다고 했다. 그리고 정엽이에게 줄 음식이며 선물을 준비했다. 노상추는 모처럼 아내와 봉증이와 함께 나들이했다. 집 뒷산에 묻은 딸을 생각하면 마음이 아직 많이 괴롭지만 종손인 종옥이는 천연두가 도는 가운데에도 살아남았다는 것은 경사가 분명했다. 비록 자기 딸은 숨겼지만 상근이 아이들과 종옥이는 무사했다.

노상추가 정엽의 집에 들어가자, 형수가 뛰어나왔다.

"어서 오이소. 삼촌도 와 계십니더."

"형님, 오셨소? 들어오소."

상근이는 일찍 도착해서 정엽이, 용엽이와 이야기하고 있었다. 노상추는 모처럼 온 식구 한자리에 모여서 기뻤다.

"그래, 아아들 잘 있제?"

"마님, 종옥이 젖 먹여야 합니더."

돌잔치를 하는데 문간방에서 목지가 문을 빼꼼히 열고 말했다. 그랬더니 형수가 알겠다며 종옥이를 안고 목지의 문간방으로 갔다. 형수가 종옥이를 안고 문밖에서 기다리고 있었다. 안에서 목지가 말했다.

"거기 종옥이 안고 잠깐 계시소. 젖 좀 문지르구로."

"알았다. 알았다."

노상추는 목지가 형수에게 대하는 것이 마치 상전이 하인 대하듯 해서 기분이 매우 언짢았다. 하지만 잔칫집에서 화를 내기도 뭣해서 참고 있었다. 목지 저 년은 종옥이에게 젖을 물린다는 이유로 죽은 질부 사돈집에서 올 때부터 안하무인이었다. 종옥이 때문에 가마에 태워 보낼 때부터 얄랑대더니 이제는 아예 대놓고 상전 노릇을 하려 들었다. 목지가 종옥이를 안고 젖을 물렸다. 형수는 방 앞에 서서 종옥이가 젖을 먹는 것을 보고 있었다.

"찬바람 들어옵니더. 문 닫고 저리 가 계시소."

목지가 말했다.

"아, 그래, 그래."

형수는 즉시 문을 닫아줬다.

노상추는 이제 더 이상 참을 수가 없었다. 저 종년을 끌어내어 혼구멍을 내줘야지 이대로 뒀다가는 형수 머리 위에 올라앉을 것 같았다. 노상추는 잠시 기다리다가 종옥이가 젖을 다 먹었을 즈음 목지 방 앞으로 갔다.

"종옥이 젖 다 묵았나?"

문이 벌컥 열리면서 목지가 종옥이를 데리고 나왔다.
 "야, 다 묵았심더."
 "종옥이 이리 줘라."
 노상추는 종옥이를 받아 형수에게 준 다음 목지에게 소리쳤다.
 "목지 네 이년! 이리 나오니라. 손돌아! 니는 저 광에 가서 몽둥이 하나 갖고 온나!"
 "와 이라십니꺼? 제가 멀 잘못했다꼬 이러는 깁니꺼?"
 목지는 눈을 똑바로 뜨고 노상추에게 대들었다. 노상추는 화가 머리끝까지 났다.
 "손돌아, 이 년을 몽둥이로 쳐라!"
 손돌이는 몽둥이로 목지를 내려쳤다. 노상추가 소리쳤다.
 "목지 네 이년! 종년이 상전을 몰라보고 형수님께 이래라저래라 하노? 오늘 내 니 행실을 바로잡아놓을 끼다. 손돌아, 더 쳐라!"
 목지는 억울하다는 듯 소리를 지르며 형수를 쳐다봤지만 형수도 외면했다. 시동생께서 못 볼 꼴을 보셨으니 자기도 어쩔 수 없었다. 노상추는 종옥이가 이제 돌이 지나 이유식을 할 수도 있는 나이가 되었고 그동안 많이 참아왔기에 마음먹고 목지를 두들겨 패게 했다. 목지가 머리가 터져 피를 철철 흘리는 것을 보고 노상추는 아내와 봉증이를 데리고 집으로 돌아왔다.
 작년부터 경상도는 흉년이 들어 조정에서 환자미(還上米)[38]를 풀었다. 문관을 지낸 사람들도 굶어 죽는다는 보고가 올라가 조정에서는 문관을 지낸 사람 중 식량이 없는 자들에게는 벼 10섬을 주기로 했지만 결국 5섬을 주었다. 그나마 무관은 한 톨도 받지 못했다. 이 진휼(

---

38) 환자미(還上米): 국가가 춘궁기에 곡물을 빌려주었다가 추수 후에 회수하여 비치하던 곡물

賑恤)³⁹⁾ 때문에 올 초부터 경상도가 시끄러웠다. 백성들은 누구는 주고 누구는 안 주냐며 원성이 하늘을 찌를 듯했다. 경상도 감영에서도 감찰관을 각 관아에 내려보내 진휼한 상황을 들여다보게 했고 선산에서도 여러 아전이 사사로이 진휼을 했다하여 곤형에 처해졌다. 경상도뿐만 아니라 조정에서도 암행어사를 내려보내 불공정한 진휼을 감찰하고 다녔다. 동네에서는 식량이 부족해지자 벼를 훔쳐가는 도둑이 늘어 이 집, 저 집에서 니가 훔쳤니, 내가 훔쳤니 하며 매일 드잡이 싸움판이 벌어졌다. 경상도 어느 고을에서는 수령이 먹을 곡식인 관수미(官需米)를 걷는 풍헌(風憲)⁴⁰⁾과 약정이 정해진 관수미를 걷지 못하자 처벌이 두려워 도망쳤다고 했다. 선산의 수령은 반역을 하는 자만 역적이 아니라 관수미를 내지 않은 백성이야말로 역적이라고 했다 하니 노상추는 기가 찼다. 곡식이 없어 굶어 죽는 백성들에게 역적이라니 저런 인사가 무슨 수령이란 말인가.

 4월 말이 되자 노상추의 보리밭에서는 겨우 15말을 수확했지만 동생 상근이는 35마지기 밭에서 35섬이나 소출이 나서 신이 났다. 하지만 추수에 머슴들을 많이 고용한 바람에 비용이 7섬이나 되었다. 어쨌든 올해 상근이는 보리농사에 대박이 났다. 5월에는 노수가 죽었다. 팔다리가 몸통만큼이나 부어올라 지난 몇 달간 고생하더니 드디어 62세의 나이로 세상을 뜬 것이다. 그토록 미워하고 증오했지만 막상 세상을 떴다하니 안타까운 마음이 들었다. 초상집에 가서 보니 노수는 역시 노수였다. 염습을 하는 옷감이 모두 중국 비단이었다. 살아서도 분수를 모르고 옥관자에 호박 풍잠으로 치장을 하고 다니더니 죽어서는 비단을 휘감고 누워있었다. 살아생전 할아버지 재산을 가로채서 떵떵

---

39) 진휼(賑恤): 굶주리거나 질병에 걸린 자, 혹은 돌보아 줄 사람이 없는 자 등을 구제함.
40) 풍헌(風憲): 유향소에서 면(面)이나 이(里)의 일을 맡아보던 사람.

거리고 살면서 상전도 몰라보고 아버지와 자신에게 패악질한 노수였지만 결국 그 많다던 재산 다 어디로 갔는지 아들 둘에게 논 다섯 마지기씩 물려주는 것으로 끝이 났다.

노상추는 동생 상근과 함께 봄부터 활터에 나가 연습을 했다. 상근이는 아직 활 쏘는 힘이 부족했다. 활터에서 활을 쏘고 있는데 정청지가 와서 과거 시험 날짜가 발표됐다고 알렸다. 9월 21일, 무과 향시 장소는 단성(현 진주)이었다.

"상추야, 그라면 우리 언제 출발할꼬?"

"모리겠다. 이젠 다 지겹다. 그만할까 싶다."

"야가 무신 소릴 하노?"

정청지가 펄쩍 뛰며 말했다.

"형님, 이제 급제가 코앞인데 당연히 가서 봐야지."

동생 상근이 말했다.

"또 떨어지면 우야노. 이젠 과장에 쫓아다닐 다리 힘도 없다."

노상추가 탄식하듯 말했다.

"형님아, 그래 말하면 안 되지. 산에 이제 다 올라갔는데 정상을 밟아야지 와 내리오노. 그래 못난 말 하면 안 된다."

상근이가 형을 타박했다.

"상근아, 니는 우얄끼고?"

노상추가 물었다.

"내도 갈란다."

상근이 말했다.

노상추는 자신이 없었다. 나이도 이제 삼십대 중반인데 활은 삼십대 후반에 들어서면 근력이 딸린다. 이제 정말 얼마 남지 않았다. 청춘을 다 바쳐 과장을 드나들었지만 매번 헛수고였다. 헛수고만 했으면 좋았을 걸, 아버지께서 주신 땅도 많이 날려먹었다. 조상님 뵙기 민망하다.

이번에 과장에 나가려면 그나마 남은 면화밭은 다 팔아야 한다. 노상추는 한숨이 절로 나왔다.

"형님, 가자! 가자꼬!"

상근이가 말했다.

"형님, 와 그라노. 아부지께서 반드시 성취하라고 안 하싰나. 과거 보러 가라. 올해 보리 농사 잘 됐으이까네 내가 향시 보러 가는 비용 정도는 낼 수 있다."

"아따, 고마바서 눈물 나는 구마."

노상추는 웃으며 상근이 어깨를 두드렸다.

"걱정 마라. 내도 향시 볼 돈은 아직 남았다. 내 갈 끼다."

9월 경상우도 생원진사시가 선산에서 열리는 바람에 선산에는 거자들이 몰려들어 빈방이 하나도 없을 정도로 난리가 났다. 노상추는 동생과 함께 9월 7일에 길을 떠나 고령, 합천을 지나 11일에 단성(현 진주)에 도착하여 활터 주변에 있는 최팟쇠라는 자의 집을 숙소로 정했다. 다음 날 명준, 화경, 청지, 체한보가 속속 도착했다. 상시관은 경상좌도 병마우후, 부시관은 대구영장이었다. 노상추는 녹명소에 가서 단자를 등록했다. 동생과 함께 오니 마음이 많이 놓였다. 자기가 떨어지더라도 동생이 붙을 수도 있으니 여유가 있다. 상근도 형을 의지하며 서로 기운을 북돋웠다.

시험 날이 되었다. 첫 시험은 목전이었다. 노상추는 정청지와 한 조가 됐다. 동생은 다른 사람과 한 조가 되어 노상추 뒤에 서 있었다. 노상추가 먼저 목전을 쐈다. 첫발은 기준거리에서 54보 넘겼다. 둘째 발은 56보, 셋째 발은 58보를 넘겼다. 노상추가 목전을 쏠 때 주변에서 와하는 소리가 들렸다. 출발치곤 아주 괜찮았다. 정청지는 두 번째 발에서 표적 범위 밖으로 나가 불통을 맞았다. 동생 상근은 세 발 모두 기준거리에 미치지 못했다. 체한보 역시 모두 기준거리를 미치지 못했다.

숙소로 돌아와서 동생은 형의 어깨를 주물러줬다.

"형님, 잘했다. 형님은 이제 명궁의 경지에 올랐다. 입격은 따놓은 당상이데이."

"제발 호들갑 떨지 마라."

"오늘 기준거리에서 50보를 세 발 모두 넘긴 거자는 상추 니 뿐이데이."

정청지는 불통을 맞았지만 다른 거자들이 시험치는 것을 쭉 지켜봤다. 정청지의 격려에 노상추는 자신감이 생겼다. 정 씨 형제들이 모두 노상추를 격려해줬다.

다음 날 육량전을 쐈다. 노상추는 육량전을 23보, 25보 정도 넘기게 쏘았다. 이것도 나쁘지 않은 성적이었다. 육량전 다음에는 편전이었다. 편전에서는 과녁을 맞히긴 했지만 정중앙을 맞히지는 못했다. 조총 시험에서는 다행히 두 방을 변(가장자리)에 맞혔다.

시험 셋째 날에는 기추와 기창을 봤다. 말을 타고 다면서 활을 쏘는 기추에서는 5번 중 2번을 허수아비에 맞혔고 기창에서는 한 번 내리치는 데 성공했다. 이번 시험에서는 목전을 빼놓고 훌륭한 성적이라고는 할 수 없었지만 불통을 맞아서 탈락한 과목도 없었다. 노상추는 모든 시험을 마치고 결과를 기다렸다. 시험장 앞에 큰 게시판이 있었고 그 앞에는 거자들이 빽빽이 몰려있었다. 노상추는 상근과 함께 거자들 사이에서 이리 밀치고 저리 밀치며 있었다. 드디어 시험장 문이 열리고 별감 둘이 방목을 들고나와 게시판에 붙였다. 이름은 성적 등수대로 적혀있었다.

의령 조영신 120획 5분

진주 남계로 118획 7분

진주 한응검 114획 12분

합격자 명단을 내려가는데 중간이 넘어가니 마지막까지 볼 용기가 없어 노상추는 눈을 감아버렸다.

'아, 이번에도…….'

그때 갑자기 상근이 외쳤다.

"있다! 있어! 노상추! 형님 이름 저기 있다!"

노상추는 순간 눈을 번쩍 떴다. 그리고 상근이가 가리키는 대로 이름을 따라가 봤다. 이름은 입격자 명단 맨 끝에 있었다.

"선산 노상추, 94획 16분."

초시 통과였다. 노상추는 한숨을 깊이 쉬었다. 드디어 재작년 초시 합격한 지 이 년 만에 길고 긴 침체기를 털고 일어나 다시 초시에 합격했다. 전에 왔던 이 사리에 다시 오기가 이렇게 힘들었다. 꼴등으로 붙다니 우스웠지만 그래도 붙은 게 어딘가. 상근은 상추를 번쩍 들어 올리며 기뻐했다.

"입격이다! 입격! 아하하하!"

그 옆에 정화경이 어깨를 늘어뜨리고 있었다. 92획 3분을 맞아 2획이 부족해 낙방했다. 노상추는 마치 자신 때문에 떨어진 것 같아 한없이 미안했다. 하지만 화경은 노상추가 입격한 것을 진심으로 축하해주었다. 노상추 형제는 시험이 끝나자 바로 집으로 돌아왔다.

초시에 합격한 소식을 듣고도, 아내는 그저 무덤덤하게 축하한다고만 말했다. 상근이가 말했다.

"형수님도 좋은 티를 한 번 내 보소."

"예, 좋심더. 좋고 말고요."

"정엽이 혼사 준비는 잘 돼 가고 있는가?"

노상추가 물었다.

"예, 4일날이 되면 비단 장수가 우리 집에 들르기로 했심더. 그때 혼수를 사면 될 낍니더."

아내가 말했다. 아내는 뭔가 할 말이 있는 듯 주저하다가 말을 꺼냈다.
 "저기 다음 달에 아를 낳을 것 같심더."
 노상추는 머리를 맞는 것처럼 충격을 받았다.
 "아아를 낳는다꼬? 그기 무신 소리고?"
 "마, 첫아이가 그래 돼뿌리고 아무 생각 없이 지냈는데 아무래도 아를 밴 것 같아가꼬 말씀드릴라 카고 보이 과거 보러 가시는 데 신경 쓰실까 봐……."
 "아이고 형님, 축하드립니더. 초시에도 합격하시고 이제 자식도 놓으시고요! 아하하하"
 아내는 워낙 땅딸해서 아이를 밴지 안 뺐는지 잘 몰랐다. 그러고 보니 평소보다 배가 많이 나오기는 했다. 아내는 임신했어도 부지런히 일했다. 노상추는 처음으로 아내에게 따뜻한 말을 건넸다.
 "여보, 쉬엄쉬엄하시게. 과로하면 안 된다."
 아내는 노상추의 얼굴을 빤히 보다가 픽 웃더니 일어나 일하러 나갔다. 노상추는 초시에 붙었지만 불안했고 아이를 가졌어도 불안했다. 아, 하늘의 뜻이 무엇일까. 내가 과연 급제할 수 있을까. 아이를 무사히 낳을 수 있을까. 땅딸보 아내마저도 어떻게 되는 건 아닐까. 노상추는 좋은 소식 앞에서도 기뻐할 수가 없었다. 그저 마냥 삼가는 마음밖엔 없었다. 노상추는 아들을 바라는 마음도 없었다. 딸이건 아들이건 제발 죽지 말고 살아남기만을 바랐고, 딸이건 아들이건 제발 죽지 말고 산모가 건강하기만을 바랐다. 아내는 11월 25일 아침에 산기가 있더니 무사히 딸을 순산했다. 12월 6일에는 정엽이가 혼례를 치르러 신붓집으로 떠났고 상근이가 따라서 갔다. 이틀 후에 상근이가 돌아와서 하는 말이 정엽이의 새신부가 18살인데 아주 엄전하다는 것이었다. 노상추는 여러모로 안심되었다.
 한양의 회시는 이듬해 경자년 2월 22일로 정해졌다. 노상추는 회시 준비를 위해 매일 하루에 중궁으로 70발 이상을 연습했다. 그랬더니 11월 14일부터는 너무 과로했는지 양어깨가 부어올랐고 몸을 구부리지도 못할 정도로 아팠다. 또 시위에서 독이 올라 귀가 뜨겁고 얼굴이 붉어지면서 두드러기가 일어났다. 노상추는 이번에도 시험도 못 치고 낙방할까 두려워 활쏘기를 멈추고 따뜻한 물을 마시며 쉬었다. 안동과 예안에는 호랑이가 사람을 250명이나 잡아먹는 일이 벌어졌고 선산에는 다시 돌림병이 돌기 시작했다. 마을의 민심이 점점 각박해져 한 상놈이 권 생원의 집에 불을 지르다 잡혔는데 관아에 끌려가 말하기를 권 생원네 사람들이 자신을 면화 도둑으로 몰아서 화가 나서 그랬다고 했다. 참으로 평상심을 유지하고 살기가 힘들었다. 정엽이 초례를 치르고 돌아온 후 노상추에게 인사를 드리러 왔다.

"그래, 형수님이랑 용엽이네도 모두 무탈하나?"

"그기이……."

"와? 무슨 일이 또 있나?"

"용엽이가……."

"용엽이가 와?"

"아무래도 염병에 걸린 것 같심더."

노상추는 당장 용엽이에게 달려갔다. 작은 질부가 울고 있었고 용엽이는 사경을 헤매고 있었다. 노상추는 제일 가까운 의원에게 달려가 약을 지어다 주고 왔다. 그날부터 걱정이 되어서 밤에도 잠을 이룰 수가 없었다. 다음 날 형수의 집에서 여종이 와서 편지를 전했는데 정엽이 말이 용엽이 병이 위급해지는 것 같다고 했다. 노상추는 회시를 앞두고 삼가야 하지만 위험을 무릅쓰고 용엽 곁에 가서 병세를 살폈다. 틀림없는 염병이었다. 노상추는 밖으로 나와 여종에게 찹쌀을 볶아서 달인 물에다가 태운 야인건(野人乾)[41]을 만들어 오라고 해서 먹였더니

---

41) 야인건(野人乾): 사람의 똥을 말린 가루

조금 땀이 나면서 열이 떨어졌다. 다시 한번 타서 먹이니 땀을 많이 흘리면서 잠이 들었다. 용엽이가 잠이 든 것을 보고 집으로 돌아왔다. 집에 돌아와서는 사랑채에 머물면서 집사람과 아기가 있는 안채에 가까이 가지 않았다. 용엽이의 병세가 심상치 않았다. 속담에 조카가 아프면 밤에 열 번이라도 들여다보다가도 자기 방에 와서 깊게 자고 자기 자식이 아프면 밤에 한 번만 들여다봐도 방에 와서 잠을 이루지 못한다 했는데 이건 다 거짓말이다. 용엽은 내 자식보다 더 귀한 자식이다. 봉증이보다 더 오랜 세월 노상추가 아버지 노릇을 해서 키운 자식이었다. 노상추는 용엽이가 걱정되어 밤새 한숨도 자지 못했다. 경자년(1780년) 정월 초하루 정엽이가 와서 용엽이가 조금 나아졌다고 해서 마음이 조금 놓였다. 설날이 됐지만 마을에 돌림병으로 제사도 모여 지내지 못하고 새집에 우두커니 혼자 있으려니 서글픈 마음이 한이 없었다. 의원을 데려다 용엽을 보여주고 어떻게 해서든지 살리려고 했지만 정월 여드레 되는 날 용엽은 세상을 떠났다. 아, 용엽아! 내 새끼야! 노상추는 젖먹이 자식은 보낸 적 있지만 이렇게 다 큰 자식을 보내니 너무도 원통해서 가슴이 산산히 부서졌다. 어이하여 집안에 이리도 우환이 끊이지가 않는고. 우리 집안이 왜 이렇게 되는고. 형수가 낳아준 두 조카가 있어 얼마나 다행스럽게 생각했던가. 용엽이가 장성하여 혼례를 올렸을 때 얼마나 흐뭇했던가. 이렇게 가다니, 이렇게 어머니를 앞서 아버지를 따라가니 형수는 어쩌라고, 작은 질부는 어쩌라고! 형수와 작은 질부가 서로 껴안고 통곡을 하는데 창자가 끊어지는 듯했다. 용엽을 염하여 입관한 후 문상을 받았지만 돌림병으로 죽었다 하여 아무도 곡하려 하지 않았다. 노상추는 지관을 불러 묘소 자리를 정하러 선산을 돌아다녔고 16일 용엽을 매장했다. 다음 날인 17일은 죽은 형의 기일이었는데 용엽을 보내고 나니 오래전 죽은 형이 더욱 사무치게 그리웠다.

'형, 미안타. 내 용엽이를 내 자식보다 더 귀하게 키웠는데 이래 보낼

줄 누가 알았겠노. 형, 미안타. 미안타.'
　그날 저녁 무렵에는 성곡의 인척 김수옥을 만나 목화밭 12마지기를 팔아 노잣돈을 마련했다. 회시를 코앞에 두고 용엽이 장례를 치르다니 이게 무슨 징조일까. 이런 마음으로 내가 회시에서 활을 잘 쏠 수 있을까. 아니다. 용엽이가 죽은 마당에 내가 과거 볼 생각만 하고 있는가. 내가 이러고도 아버지를 대신하는 숙부라 할 수 있는가. 노상추는 이래저래 마음이 무척 괴로웠다. 21일이 되어 아침을 먹는데 아내가 옆에서 시중을 들어주었다. 아버지께로부터 받은 목화밭을 다 팔아넘겼지만 아내는 일언반구 원망이 없었다. 아내는 강단 있는 여자다. 자기가 죽는다 해도 이 여자라면 우리 집을 잘 이끌고도 남을 것이다. 이젠 붙어야 한다는 생각도 없다. 그런 건 훨훨 다 날려버렸다. 초시가 됐으니 회시를 가는 것이다. 이번에 떨어진다면 다음에 또 초시를 치러 갈까? 그럴 수도 있고 아닐 수도 있다. 밥을 먹으며 생각했다. 오늘 하는 일에 최선을 다해야 한다. 오늘 하는 일에 최선을 다하면 그다음에 할 일은 하늘이 정해주는 것이다. 나는 하늘의 뜻을 따를 뿐이다. 용엽이를 내 손으로 묻을지 누가 알았단 말인가. 앞일은 알 수 없다. 노상추는 갓 태어난 딸에게 인사를 했다. 꼬물거리는 딸이 제발 아프지 말고 다시 만날 때까지 건강하기를 바랬다. 아내가 여문 손으로 싸준 괴나리봇짐을 등에 지고 나오니 손돌이가 말을 대기시켜 놓았다. 말을 타려는데 골목길에서 별감 김덕균이 소리치면서 왔다.
　"형님! 형님! 한양 가십니꺼!"
　"그래. 덕균이 아닌가. 어쩐 일이고?"
　"형님, 이번에 한양에 가시면 분명 급제를 하실 낍니더."
　"우예 아노?"
　"제가 지난밤 꿈에 형님이 한양에 과거 보러 가신다 캐가아 형님에게 인사를 드리러 왔는데 이 집 서까래에 오색 뱀들이 칭칭 감고 있었다 안 합니꺼. 내가 이기이 뭡니꺼 하고 형님한테 물으이까네 형님께서 용이다 카시는 거라예. 제가 깜짝 놀라가 깨어보니 꿈이더라고요. 그래가아 내가 형님 이번에 올라가시면 무조건 급제하신다꼬 알려드리러 안 왔습니꺼. 급제하시거들랑 제 생각 꼬옥 해주이소."

노상추는 김덕균의 손을 꼭 잡고 말했다.

"고맙구마. 내가 합격하거든 내려와서 자네에게 한턱내지. 한턱뿐이겠는가. 내 은인으로 모시지, 암! 하하하."

노상추는 한양으로 출발했다. 전에는 정 씨 형제들과 항상 신나게 갔는데 이번에는 혼자 떠나게 되니 적적했다. 경상도를 벗어나기까지 내내 눈이 심하게 내려 말에서 내려서 걸어간 길만 사십 리가 넘었다. 매서운 칼바람을 맞아가며 1월 27일 한강 나루터에 도달하고 보니 한강이 모두 얼어붙어 있었다. 사공을 찾아 물어보았다.

"나룻배로 건네 줄 수 없겠나?"

"이렇게 얼음이 꽝꽝 얼어 있는데 어떻게 배를 띄우란 말씀이오? 썰매라면 모를까. 큭큭."

"한강이 얼마나 깊은데 가다 얼음이 깨지면 빠져 죽을까 하는 소리다."

"아, 그림 얼음 녹거든 가시등가."

날이 추워서 얼음이 단단하기는 하지만 그래도 말을 끌고 가야 하는데 만에 하나라도 얼음이 깨지면 그대로 황천길이다.

"얼음길을 잘 아는 사람이 있나?"

"아, 돈만 주시면 다 건네드립지요."

노상추는 단단히 얼어 안전한 얼음길을 아는 사공을 구했다. 뚝쇠라는 사람의 도움을 받아 서빙고진 앞으로 건넜다. 얼음이 혹시라도 갈라질까 봐 간이 콩알만해졌다. 말도 긴장을 했는지 더 푸드득 거렸다. 말을 진정시켜 가며 간신히 얼음 위로 기다시피 걸어 한강을 건넜다. 매서운 바람을 맞으며 숭례문을 지나 도성으로 들어왔다. 달신이 형이 있다는 청계천 침교 근처의 김잇복 집을 찾아갔다.

"상추 오나!"

마침 숙소에 있던 달신이 형이 나왔다. 달신이 형은 금군 옷을 입고 있었다.

"달신 형님, 금군에 들어가싰나?"

"그으래!"

"말은 샀소?"

"내가 무신 돈으로 말을 사겠노? 떨어진 줄 알고 고향에 니리 갈라 캤는데 취재에 합격했다꼬 금군으로 임명해주더라꼬."

"잘했다. 금군이면 주상전하를 가까이서 뫼신다 아이가. 무관으로서 최고의 영예지. 워낙 달신이 형 무예가 출중하니 금군이 되싰다 아이가. 축하드립니더."

"아하하 그래. 이제 십년 묵은 체증이 싸악 내리간다. 상추야, 이제 니도 급제할 때가 됐다. 내는 안다. 니 이번에 된다."

"그런 말 하지 마소. 말이 앞서면 반드시 마가 끼게 되어 있으이 함부로 그런 말 하지 마소."

"알았다. 그러면 다음 달 22일이면 아직 날짜가 마이 남았는데 우데서 활 연습할래?"

"내는 주로 동수문 활터에서 한다."

"회시 앞두고 연습을 너무 많이 하지도 말고 적게 하지도 마라. 평소와 똑같이 해래이."

"알았소."

노상추는 목화밭을 팔아 노잣돈을 마련한 덕분에 돈은 넉넉했다. 그래서 일찌감치 한양에서 자리잡고 활쏘기 연습하고 강서 시험 공부 모임에도 나갔다. 올해에는 생원진사시의 회시가 무과 회시에 앞서 진행됐는데 친구인 곽선과 조석리가 올라와 시험을 본다 해서 가서 합격을 빌어주었다. 하지만 시험 결과 둘 다 낙방이었다. 선산에서는 세 명이 합격했고 경상도에서는 모두 29명이 합격했다. 노상추는 이제 모든 게 다 담담해졌다. 하도 많이 과거를 봐서 그런지, 용엽이를 장례 치르면서 삶과 죽음에 대해 초연해져서인지 이젠 아무래도 상관없다는 기분이었다. 죽은 용엽이를 생각하면 가슴속 깊은 곳에서 슬픔이 차올랐다. 활터에서 회시를 치러 온 거자들은 모두 이번엔 반드시 합격한다는 각오로 긴장해서 어깨에 힘이 가득 들어가 있었다. 노상추는 거자들의 마음을 잘 안다. 하지만 삼십 대 중반이 되니 이젠 이십 대처럼 죽어라 하는 게 다가 아니라는 것을 알게 됐다. 노상추처럼 중늙은이 거자들도 있었지만 힘을 많이 쓰는 무과 시험이라 아무래도 이십 대 새파란 청년들이 많았다. 회시라 그런지 모두 웬만큼은 활을 다 잘 쐈다. 하지만 아무리 활터에서 잘 쏴도 시험장에서 시험을 볼 때 결과는 완전히 다르게 나올 수도 있다. 노상추는 궁금했다. 과연 이게 내 인생 마지막 과장이 될까? 이번에 쏘는 이 화살이 과장에서 쏘는 마지막 화살이 될까. 노상추는 그런 생각을 하다가 픽 웃었다. 나는 무엇을 향해 쏘는가. 급제를 향해 쏘는가. 출세를 향해 쏘는가. 아니다. 노상추가 그걸 위해 쐈다면 여기까지 올 수 없었을 것이다. 지금 이 자리에 오게 한 것은 자신이 가장이기 때문이다. 난 포기할 수 없다. 나만 실패하는 것으로 끝나는 거라면 애시당초 끝내버렸을 것이다. 하지만 내가 실패하는 것은 안강 노씨 가문이 실패하는 것이고 선산이 실패하는 것이다. 그건 받아들일 수가 없다. 그래서 목숨이 다하는 순간까지 나는 절대 실패할 수 없다. 나는 쏘고 또 쏜다.

드디어 22일 무과 회시가 시작됐다. 첫날은 목전이었는데 240보 기준이며 이 기준 거리를 넘긴 보수가 점수가 된다. 노상추는 첫발에서 30보, 둘째 발에서도 30보, 마지막 발에서는 39보를 쐈다. 시험 점수로 계산해 보니 목전에서 40획 4분이 나왔다. 나쁘지 않다. 이 정도면

쾌조의 출발이다. 저녁에는 철전 시험이 시작됐다. 철전은 기준거리 80보가 기준이며 기준 거리를 넘기는 보수에 따라 점수가 매겨진다. 노상추는 첫발에서 44보, 둘째 발에서 44보, 마지막 발에서 46보를 쏘아 46획 9분을 획득해서 목전과 합쳐 86획 13분을 받았다. 다음 날은 편전과 조총이었다. 편전은 세 발을 쏘았는데 과녁을 명중하지는 못했고 전부 주변부만 맞히는 데 그쳤다. 조총은 규정에 맞춰 쏘아서 변을 두 번 맞추었다. 그리하여 무과 실기 시험을 마쳤다. 숙소에 돌아와 다음 날 치르는 시험을 준비하는데 마음이 많이 흔들렸다. 지난번처럼 그렇게 글자 하나 잘못 해석해서 탈락하지 않을까 걱정이 됐다. 하지만 책을 후루룩후루룩 넘기면서 되도록 즐거운 마음을 가지려 노력했다.

다음 날 강서 시험이 시작됐다. 저번처럼 시험관이 찌통을 가져와 노상추가 찌를 뽑아 주었다. 시험관은 그 찌에 해당되는 시험지를 가져다주었다. 시험지를 든 노상추의 손이 약간 떨렸다. 첫 시험은 장감박의(將鑑博議)[42]에 나오는 반초론이었다. 노상추는 떨리는 목소리로 읽고 강론하였다. 성적은 조였다. 다음 대학으로 넘어갔다.

"桃之夭夭여 其葉蓁蓁 이로다. 之子于歸여 宜其家人이로다. 복숭아의 앳되고 앳됨이여, 그 잎사귀가 무성함이로다. 이 여자의 시집감이여, 그 가인을 화순케 하리로다."

노상추는 이렇게 강하고 스스로 이건 분명 통이라고 확신했다. 그러나 성적은 조였다. 노상추는 다음 사마법으로 넘어갔다.

"正不獲意則權 權出於戰 不出中人이라. 정으로 뜻을 얻지 못하면 권을 행하였으나 권은 전쟁에서 나오고 중인에게서 나오지 않는다."

노상추는 강을 마친 후 떨리는 마음으로 시험관을 보았다. 시험관은 조를 외쳤다. 노상추는 경국대전의 글귀까지 강론하고 시험을 마쳤는

---

42) 장감박의(將鑑博議): 중국 역대의 명장들의 능력, 전략, 지략 등을 논한 책, 조선시대 무과 시험 교재.

데 모두 조의 성적을 받았다. 그저 그런 성적에 실망했지만 탈락이 확정된 것은 아니었으니 희망이 있었다.

숙소로 돌아온 노상추는 달신 형을 만났다.

"그래, 우예 됐노? 붙을 것 같나?"

"모르겠다. 활쏘기도 그렇고 강서도 그렇고 탈락은 면했는데 강서 시험에서는 죄다 조를 받아가아 억울하다. 내 딴에는 완벽하게 강했다고 생각해서 통을 받을 줄 알았는데 조밖에 안 주더라. 아무리 생각해도 내가 영남 남인이라가아 점수를 그래 주는 것 같더라."

"그래서 전부 몇 점이고?"

"활쏘기캉 강서 시험캉 다 합해서 98획 13분이다. 우떻노? 합격권 안에 들어가나?"

"아, 간당간당하다. 120획은 맞아야 안정권인데 어느 해에는 당락을 가르는 점수가 95획도 되고 어느 해에는 110획이 넘어가는 해도 있어가아 점수 가지고는 모린다."

"98획이면 마 운이 억쑤로 좋아야 붙겠네. 저번 초시에는 94획으로 맨 끝에서 일등으로 붙었다. 회시니 마 98획 가지고는 마 택도 없겠다. 에이, 틀렸다."

"결과가 나오기 전에는 아무도 모른다. 내일 가 봐야 안다."

"영남 시골 서생이 한양에 권문세가 자식들을 우예 이겨 먹겠노. 영남 남인은 아예 급제를 안 시킬라 카는 갑다. 아무리 완벽하게 뜻을 말해도 통을 안 주는 기라."

"그래애. 겉으로는 공정하게 시험을 치는 것 같아도 안에서 권문세가 자식들 합격시킬라꼬 별의별 짓을 다 한다 아이가. 그래도 붙을 놈은 붙는다. 아이고 상추 니도 이제 여기저기 시험 보러 다니는 것도 여기서 끝을 내야 할낀데."

"그캐 말이다. 이제 팔아델 땅도 없다. 우리 마누라가 길쌈해서 노잣돈 마련해주면 또 올라올끼이고 아이면 마 농사나 짓고 살란다."

"아하하! 그래도 때려치운다 소리는 안 하네."

"우야겠노. 사정이 되면 올라와서 치는 기이고 아이면 마, 농사짓고 살아야지 뭘."

"다 팔자 대로 산다. 니 관상이 농사짓고 살 팔자는 아잉기라."

"무신 놈에 팔자타령이고."

"그기이 다 운빨이다. 운빨. 운을 믿어보자."

노상추는 다음 날 아침 모화관 앞으로 나갔다. 거자들로 모화관 앞이 빽빽했다. 드디어 모화관 문이 열리고 게시판에 방목이 붙었다. 노상추는 떨리는 마음을 가눌 수가 없었다. 붙었을까. 아니면 초시부터 다시 시작해야 할까. 이번에 쏜 화살이 과장에서 쏜 마지막 화살이었을까. 마지막 화살이었을까? 맨 위 일등 이름부터 내려갔다. 칠 등까지 확인하고 천둥소리를 내는 심장을 진정시키기 위해 눈을 감고 침을 삼켰다. 용기를 내어 눈을 뜨고 더 내려갔다. 명단의 아래로 내려갈수록 심장이 더 크게 요동을 쳐 정신이 아득해지려 할 때 열두 번째 글자 세 자가 눈에 들어왔다.

盧尙樞

8. 도문연

1780년 · 경자년 · 정조 4년 · 2월 · 34세

"비켜보슈, 비켜!"

뒷사람이 밀어내는 바람에 노상추는 튕겨져 나왔다. 노상추는 게시판에서 아우성치는 거자들을 보며 정신이 멍해졌다.

'내가 급제했구마. 급제했어.'

믿을 수가 없었다. 그토록 오매불망 바라고 또 바랬던 순간이 진짜 올 줄 몰랐다. 자기 인생에 언제나 낙방만 있을 줄 알았는데. 평생 낙방의 늪에서 벗어날 수 없을 것 같았는데. 마치 꿈처럼 농담처럼 노상추도 급제자가 됐다. 거자들 중에는 소리를 지르며 춤추고 울고불고 하는 급제자들이 있었고 어깨가 축처져서 걸어가는 낙방자들도 있었다. 노상추는 울어야 할지 웃어야 할지 헷갈렸다. 그저 가슴이 계속 요동쳤다. 게시판을 멀리서 바라보며 멍하게 서 있는데 멀리서 자신의 이름을 외치는 소리가 들렸다.

"상추야!"

돌아보니 달신이 형이었다. 달신이 형이 울면서 달려오고 있었다.

"상추야, 어엉, 니 됐다! 상추야, 어엉……."

달신 형은 달려와서 노상추를 부둥켜안고 자기가 붙은 것처럼 큰 소리로 울기 시작했다.

"으억억억. 내는 니가 될 줄 억억억, 알았다! 으아! 내가 안 그드나. 될 놈은 된다꼬……. 으엉어어엉! 니는 될 놈잉기라. 으어어어엉!"

"형이 와 우노?" 노상추는 마치 남의 일을 말하듯 말했다.

"엉어어엉. 책만 파던 놈이 무관 시험을 본다 캤을 때 속으로 몸도 작고 힘도 딸릴 낀데 잘 하겠나 걱정했다 아이가. 맨날천날 떨어져도 엉엉, 그래, 그래 힘든 일이 많아도 독하게 물고 늘어지는 걸 보고 이 새끼, 해내겠다꼬……. 겉으로 말은 몬 해도 속으로 포기하지 말라꼬, 힘내라꼬, 다 왔다꼬 얼마나 캤는지……. 엉엉. 니는 모린다, 내 마음을, 어어엉, 엉……."

경자년(1780년) 2월 25일 아침 한양 모화관 앞에서 노상추의 인생은 크게 뒤바뀌었다. 선산이라는 작은 연못 속에서 평생 자신을 연마하던 잠룡이 때를 만나 비로소 하늘을 향해 높이 날아오르는 비룡이 된 것이다. 가장의 자리를 물려받아 일기를 쓰기 시작한 지 17년 만에 과거를 보기 시작한 지 9년 만에 서른넷이라는 적지 않은 나이에 이룬 큰 성취였다. 안강 노씨 가문으로 보았을 때, 1725년 노계정이 무과에 급제한 지 무려 55년만에 그의 손자 노상추가 과거에 급제한 감격적인 순간이었다.

노상추는 숙소로 돌아와 방자(榜子)[43]를 불러 집에 급제 사실을 알리는 편지를 쓰고 도문연을 준비하라 일렀다. 하지만 생각해보니 아내가 도문연을 준비할 돈이 없을 것이다. 노상추는 숙소 주인 김잇복에게 염치 불구하고 돈을 꾸었다.

---

43) 방자(榜子): 편지를 전하는 노비

"급제를 해가아 한양에 머무는 기간이 마이 길어지는 바람에 내가 방값을 다 내지 못하겠소. 고향에 내려가서 다 못 치른 돈은 올려보낼라 카는데 그래도 되겠소?"

김잇복은 못마땅한 듯 입을 쩝쩝 다셨지만 고개를 끄덕이며 말했다.

"그러슈. 머 급제하셨으니 떼어먹으시기야 하겠수?"

"떼어묵다니, 내가 급제한 마당에 곧 한양에 와서 살 낀데 우예 떼어먹겠소? 걱정 마소. 그란데에……."

"그런데 또 뭐유?"

"돈이 모자라가아 돈 좀 빌려주시오. 오십 냥 정도 우예 안되겠소?"

"그 돈은 어디다 쓸라 그라우?"

"집에 도문연 벌일 준비도 시키야 되고 내려갈 때 창졸(唱卒)⁴⁴⁾을 델고 갈라 카오."

"원, 돈도 없다면서 무슨 창졸은 창졸이오?"

"오랜만에 집에 경사가 있어서 그라지. 돈은 고향에 가서 꼭 올려 보낼 테이 쪼매 융통해 주시오. 내 이자는 넉넉히 쳐주꾸마요."

김잇복은 잠시 생각하다 말했다.

"급제자니 해드리는 거유."

"고맙소."

역시 유생의 신분에서 급제자의 신분이 되니 돈도 척척 빌려주고 사람들의 대접이 달라졌다. 노상추는 급제의 위력을 다시 한번 느끼면서 숙소 주인에게 빌린 돈으로 방자의 수고비로 500동을 주고 집에 도문연을 준비시켰다.

3월 16일에는 전시가 치러졌다. 전시는 등락에는 상관없이 치는 시험으로 주상전하 앞에서 자신이 선택한 기예 중 하나를 치면 된다. 노

---

44) 창졸(唱卒): 기녀와 광대로 급제를 축하하는 노래, 악기 연주, 재주 넘기 등을 하는 사람들.

상추는 철전을 택했다. 노상추는 태어나서 처음으로 궁궐 안을 들어갔다. 동이 틀 무렵 창경궁 통화문 앞에 대기하고 있다가 궁궐 안으로 들어갔다. 창경궁 동쪽 부분이었는데 앞에 춘당대가 있었다. 문과 급제자는 왼편에 서고 무과 급제자들이 오른쪽에 서니 어가가 들어왔다. 금상께옵서 어가에서 내리신 후 춘당대 위에서 내려보시는 가운데 전시가 시작되었다. 젊으시면서도 위엄이 가득한 주상전하 앞에서 노상추는 있는 힘을 다해 철전을 쏘았다. 참으로 감격스러운 순간이었다. 평생 궁궐에서 전하를 보위하는 일을 하고 꿈꾸며 살았는데 이제 그 꿈이 이렇게 이루어졌다. 궁궐 안은 엄숙하면서도 참으로 아름다운 곳이었다. 지나다니는 내관들, 궁녀들, 문무백관들의 모습 하나하나가 다 난생처음 보는 진풍경이었다. 궁궐 안의 모든 건물은 아름답게 채색이 되어 있어 궁궐 밖과 뚜렷이 구분이 됐다. 이제 나는 임금의 신하가 되었다. 노상추는 조금씩 급제로 인한 삶의 큰 변화를 맛보고 있었다.

3월 21일에는 창방이 치러졌다. 새벽에 창경궁 돈화문 앞에서 대기하고 있었는데 훈련원 봉사가 나와서 급제자들을 궐 안으로 인도했다. 급제자들은 방목에 나온 등수대로 줄을 서서 궐 안으로 들어갔다. 진선문을 거쳐 인정전 밖에 섰는데 인정전 뜰 안에는 문무백관이 품계석에 따라 서 있었고 금군 700명이 문무백관의 좌우에 진을 치고 서 있었다. 노상추는 눈을 들어 금군들을 훑어보았다. 달신 형이 잘 보이지 않았지만 금군 700여명 어딘가에 서 있을 것이다. 이윽고 합격자 이름을 하나씩 불렀고 이름이 불린 사람은 나아가 임금님 앞에 줄을 섰다.

"무과 12등 노상추."

자신의 이름이 불렸을 때 노상추는 나아갔다. 황공하옵게도 앞에 임금님께서 계셨다. 줄 서기를 마치니 인의(관리)가 흥!(일어나시오)하고 배!(절하시오) 할 때마다 절을 올려 모두 네 번 절을 올렸다. 임금님께서 선온(술) 한 잔과 황대구 한 조각을 내리시니 궁녀들이 모두 작은 소반에 담아 급제자들 앞에 대령했다. 아, 내가 임금님께서 주신 술과 황대구를 먹다니. 임금님과 함께 아름다운 궁궐의 뜰 안에서 술을 마시다니. 꿈보다 더 좋은 현실이 있었구나. 노상추는 현실보다 더 꿈 같은 현실에 감격하며 술을 마셨다. 그런데 이를 마셨을 때 뭔가 이게 처음이 아닌 것 같다는 느낌이 들었다. 이 모든 것이 어디에선가 본 것 같은 느낌이 들어서 기분이 이상했다. 이어서 홍패를 받았고 임금님께서 직접 돌아가며 급제자들 복두에 계수나무 꽃가지를 두 개 꽂아주셨다. 가까이서 임금님을 뵈옵는데 노상추의 심장이 세게 요동쳤다. 이제 노상추는 임금님을 뵈옵는 사람이 됐다. 사람 팔자 하루아침이라더니 며칠 전만 해도 망하기 일보 직전의 구제 불능 낙방자였던 자신이 이렇게 가까이서 용안을 뵙는 자가 되다니 언다니. 참으로 놀랠 노자로구나. 급제자들은 다시 네 번 절을 올리고 창방이 끝나 궁궐 밖으로 나갔다. 궁궐 밖에 나와 육조 거리를 걸어가는데 속으로 내가 뭘 보고 온 걸까 하는 생각이 들었다. 어릴 적 할아버지 무릎에 앉아서 궁궐이 어떻게 생겼는지 들었던 기억이 났다.

'궁궐 안에 드가면 이렇게 아름다운 세상이 있나 싶다. 수궁가에서 토끼가 용궁을 보고 아름답다 카드마는 진짜 궁궐은 용궁캉 더 아름답더라꼬.'

노상추는 할아버지께서 말씀하신 것이 진짜라는 걸 알게 됐다. 영남 선비들은 원래 과거에 급제하기도 힘든데. 영남 남인이라 안될 줄 알았는데. 이렇게 덜컥 급제를 하다니 이게 무슨 귀신의 조화인가. 내가 임금님께서 주신 술을 받아 마시다니. 노상추는 그때 생각났다. 아, 오늘 내게 일어난 일은 정확히 지금으로부터 16년 전 19살에 첫째 부인이 아이를 낳고 사경을 헤메고 있었을 때, 꿈에 본 것이다. 그 때 꿈에 자신이 달신이 형과 함께 관복을 입고 궁궐에 들어와 임금님께서 주신 수박과 밥을 먹었다. 당시 그 꿈에서 깬 후 얼마나 아쉬워했던가. 그 꿈에서 느낀 그 감정이 꿈을 깬 후 사라지자 눈물 나게 아쉬웠다. 그때 나의 현실은 아내가 죽어가고 있었고 궁궐에서 임금님께서 주시는 수박을 먹는 꿈은 그저 꿈이었을 뿐이었다. 하지만 그로부터 16년이 지난 지금 그 꿈은 현실이 되었다. 죽어가는 첫째 부인을 앞에 두고 눈물을 흘렸던 그때는 지금 생각하면 오래전 일이라 아득한 꿈처럼 느껴졌다. 오늘 술과 황대구를 먹으며 왠지 익숙한 느낌이 들었던 것은 16년 전 꿈에서 오늘 이 순간을 보았기 때문이다. 그 길고 긴 고통의 시간을 견뎌온 것은 그 꿈 때문 아니었을까. 궁궐에서 임금님을 만나는 그 꿈이 밝은 등불이 되어 16년 동안 자신을 지켜주었다. 아마도 천지신명께서 오랜 기간 길고 긴 고통을 잘 견뎌내라고 16년 후 오늘 일어날 일을 미리 보여주며 위로를 해준 것이었나보다. 누가 꿈을 헛되다 했는가. 일장춘몽이라는 말은 틀린 말이다. 깨고 나면 사라지는 것이 꿈이 아니다. 꿈은 우리 마음속에 하늘의 태양처럼 밝게 떠 있다. 하늘의 태양이 밝은 빛과 열을 발산하여 만물을 소생하게 하고 꽃을 피워내듯이 마음속의 꿈은 태양처럼 내 인생에 빛과 열을 주어 때가 되면 인생을 꽃피우게 한다. 꿈은 덧없는 게 아니다. 꿈은 나를 넘어선다. 꿈은 보잘 것없는 나를, 내가 상상하지도 못했던 나로 탈바꿈시켜준다. 오늘 이 순간을 꿈꾸며 살아왔기 때문에 지난 고통의 세월은 값지고 귀중한 것이다. 사람은 꿈이 있어 산다.

그날 오후에는 전임 당상관들을 뵙고 병조판서 체제공 대감께 인사를 올렸다. 체제공 대감은 노상추와 같은 소수 남인 급제자에게는 비빌 언덕이 되어주시는 고마운 분이었다. 임금님의 신임을 한 몸에 받으시고 남인을 이끄시니 존경심이 절로 일었다. 다음 날에도 창덕궁으로 들어가 임금님께 사은례를 올리고 중전마마, 대비전에 나아가 배례를 하였는데 새벽부터 궁궐에 들어가 오전이 될 때까지 고개를 숙이고 몸을 굽히며 두 손을 맞잡고 있으니 3월이었지만 등에서 땀이 줄줄 흘렀다. 노상추는 선산에서 상전 노릇만 하느라 항상 고개를 빳빳이 들고 다녔는데 한양에 와서 임금님의 신하가 되어 새벽부터 궁궐에 들어와 하루 종일 허리를 굽히고 따라다녀 보니 꽤 힘이 들었다.

'신하 된 자는 근면해야 한다 카더니 이래서 하는 말이었구마는. 아이고 되다(힘들다).'

사은례를 하고 궁궐에서 나오는데 궁궐 밖이 시끌벅적했다. 재인촌에서 광대와 창부들이 개미 떼처럼 몰려와 급제자들에게 달라붙어 저마다 자기를 뽑아달라 난리였다. 노상추가 어사화를 꽂고 나오니 재인들이 여러 명 노상추 앞에 몰려들면서 노래를 부르고 재주를 넘었다. 그 중 한명이 집요하게 따라오면서 나팔을 불며 재주를 넘었다. 노상추가 보니 제법 그럴듯하여 쳐다보았더니 그가 말을 붙였다.

"급제자 나으리, 고향이 워디유?"

"경상도 선산이다."

"아이고, 선산 바닥은 내가 손바닥 보듯 훤하게 알쥬. 지가 노래도 허고 풍악도 크게 울려드릴 테니께 절 데리고 가슈."

"니 이름이 머꼬?"

"조흥세예유."

"우데 사람이고?"

"충청도 한산이에유우."

"알았다. 내일 아침에 한강진에서 보자. 내 니를 델고 가꾸마."

"참말이유?"

"그래."

"아, 그럼 선금을 쫌 주셔야지유우."

"얼마면 되겠노?"

"먼저 닷 냥 주슈. 지가 한 번 가믄 한두 달은 놀아드려유우. 끝나거들랑 스무냥 쥬셔유우."

"그래. 그라자."

조흥세는 신이 나서 쾌지나칭칭나네를 불러주며 노상추의 숙소까지 따라와주었다. 내일 한강진에서 만날 약속을 하고 헤어졌다. 노상추는 도성 내의 친지들과 친구들을 두루 방문하고 급제 인사를 드렸다. 밤에는 집에서 손돌이가 말을 끌고 노상추의 숙소로 찾아왔다. 손돌이가 주는 편지에는 고향에서는 별일 없이 잘 지내고 있고 도문연은 4월 1일에 준비하고 있다고 했다.

다음 날 한강진에서 조흥세를 만났다. 조흥세는 자기와 비슷한 나이의 남자 하나와 열다섯 살 정도 되어 보이는 남자를 같이 데리고 왔다.

"아이구, 나으리, 오셨네유우. 그란디 지가 생각을 해보니께유우, 저 혼자 해서는 흥이 안 나유우. 보통 급제자 한 분당 창졸 두세 명은 있어야아 그래도 노래도 부르고 재주도 넘고 나팔도 불 것 아니여유우. 그래서 제가 성주에서 온 박대성이를 델고 왔구먼요. 야는 박재성이 델고 댕기는 아들이어유. 야가 피리 하나는 끝내주게 분당께유우. 그래서 우리 셋이서 급제자 나으리를 모시고 싶은디 워때유?"

노상추는 세 명까지는 조금 부담스러웠다. 아무리 급제를 했기로 이 비싼 창졸들을 세 명이나 델고 다니려면 도대체 돈이 얼마나 들텐가.

"나으리, 지는 고향이 성주라 선산은 제 고향이나 마찬가집니다. 고향 사람을 만났으이까네 싸게 해서 딱 이십냥만 주시면 저랑 제 아이가 나으리를 잘 모시겠십니더. 우떠십니꺼."

숙소 주인에게 돈도 오십 냥이나 꿔서 가는 처지에 창졸들을 이렇게 세 명이나 거느리고 갔다가 마누라에게 한소리 들을까 싶었다.

"아이구, 나으리, 과거 급제는 살아생전 딱 한 번 하지 두 번 하는 사람은 없어유우. 뭘 그리 망설이세유우?"

그래. 오십오 년 만에 안강 노씨 가문에서 무과 급제라는 경사가 났는데 잔치를 벌여도 크게 벌여야 하지 않겠나. 이번에 마음속 응어리를 풀어보자 싶어 노상추가 말했다.

"좋다, 다 배에 올라타거라."

"에헤라디야!"

창졸 셋은 신이 나서 노래를 불러 젖히고 나팔을 불었다. 배에 올라타자 나룻배가 움직이기 시작했다. 강바람이 불어왔다. 1월 27일 이 한강을 건널 때는 얼음이 갈라져 빠져 죽을까 봐 기어가다시피 해서 건넜다. 그런데 두 달 후 한강은 다 녹았고 노상추는 급제자가 되어 금의환향하고 있었다. 날씨는 아직 쌀쌀했지만 청명한 바람이 불어 지난 근 십 년 동안 이 한강을 건너다니며 우울했던 심사가 한번에 확 풀려나갔다. 세 창졸이 뱃머리로 가더니 피리와 나팔을 불어 재끼며 '늴리리야'를 불렀다. 배를 타고 가는 사람들이 모두 신명 나는 풍악에 즐거워했다. 배에서 내려 길을 가면서도 창졸들이 번갈아 가며 노래를 부르고 풍악을 울리니 가는 내내 신이 났다. 사는 게 이런 거로구나. 이렇게 신나는 거였구나. 한양에 다니면서 막막하기만 했던 이 길이 이렇게 신이 나고 흥겨운 길이 될 줄 누가 알았겠는가.

문경은 경사스러운 소식을 듣는다는 뜻으로 과거를 보러 다니는 선비들이 급제했다는 소식을 전한다는 곳이다. 문경새재에 이르러 산을 넘는데 흥겨운 음악과 노랫소리가 나니 산천이 더욱 아름답게 느껴졌다. 노랫소리 끝에 누가 자기 이름을 부르길래 가보니 최 씨 형님으로 먼 인척이었고 무과 급제를 한 선배였다. 선배는 후배에게 신래 놀이를 시키는 게 옛 전통이었다. 최가 형님을 보자마자 잘못 걸렸구나 싶었다.

"신래(새 급제자)가 왔구마! 신래 게 섰거라! 어딜 그냥 가려는 게야!"

최 씨 형님은 먹과 붓을 꺼내더니 노상추의 얼굴에 점을 찍고 수염을 그리고 난 후 춤을 추며 뛰어가라고 했다. 창졸들은 더욱 풍악을 크게 울렸고 지나가는 사람들은 노상추를 보고 웃었다. 노상추는 어깨춤을 추며 뛰어갔다. 형님은 다시 춤을 추며 뛰어오라고 했다. 노상추는 뒤돌아서 다시 춤을 추며 뛰어갔다. 다음에는 말을 거꾸로 타라고 해서 거꾸로 탔더니 춤을 추라고 했다. 손돌이가 말고삐를 쥐고 가고 노상추는 얼굴에 먹칠을 한 채 말을 거꾸로 타고 춤을 추며 갔다. 지나다니는 사람들이 보고 박수치며 급제를 축하한다는 말도 했고 노상추가 춤을 추는 것을 보고 킬킬대기도 했다. 최 씨 형님은 상주에서 헤어질 때까지 노상추를 골려댔다. 노상추는 다음 날 3월 29일 낙동 나루에 도착했다. 이날은 장날이었는데 벌써 고향에 소문이 다 퍼졌는지 인척들이 모두 낙동 나루에 와서 노상추를 반겨주었다. 강을 건너가는데 나루터에 웬 익숙한 얼굴이 보였다. 정엽이였다.

"숙부님!"

정엽이는 노상추를 얼싸안고 눈물을 흘렸다.

"축하드립니더! 축하드립니더! 지는 마 숙부님이 급제하실 줄 알았심니더."

"그래, 고맙다. 집안은 다 편안하냐?"

"예. 오늘이 지 연부례 날이라 신부를 집에 델다 놓고 숙부님 모시러 왔심더."

"아, 질부가 이제 왔구나. 잘했다. 가자!"

정엽 옆에는 활터에서 함께 활을 쐈던 정명준, 정화경, 정청지, 체한보 등 동접들이 모두 노상추를 기다리고 있었다. 친구들은 자기 일보다 더 기뻐해 주며 함께 기쁨의 눈물을 흘렸다. 노상추는 친구들과 함께 집으로 향했는데 날이 저물어 도개에서 인척 홍천휴의 집에서 묵었다. 어디서 소문이 났는지 도개 사람들이 급제자를 보러 몰려와 노상추의 손을 잡고 축하해주었다. 다음 날 어사화를 쓰고 집으로 향했는데 벌써 동네 정자나무 앞에서부터 사람들이 몰려들어 있었고 집 근처에는 사람들이 바글바글했다. 창졸들이 쌍적(雙笛)[45]을 불고 노래를 부르며 나아가고 노상추가 말을 타고 동네 안으로 들어가자 모두 뛰어나와 쌍적 소리에 맞춰 덩실덩실 춤을 추었다. 노상추 뒤를 따라오는 동네 사람들의 행렬이 길게 이어졌다. 동네 사람들은 자기 일보다 더 기뻐했다.

"아이고 어사화를 보는 기이 얼마 만이고!"

"축하드립니더! 축하드립니더!"

"경사났구마는! 선산에 경사가 났어!"

"오늘 마 걸판지게 놀아보자! 오늘 아니면 언제 놀겠노!"

노상추는 뒤로 늘어서는 사람들에게 손을 흔들며 고맙다고 말했다. 그런데 그중에 귀에 익은 소리가 들렸다.

"상추야, 축하한데이!"

사람들 속에 김음이 있었다. 한양에서 자취를 감추었던 김음이 노상추의 뒤를 따라오고 있었다. 노상추는 말에서 내려 김음에게 다가갔다.

"아재요! 언제 내려오있능교?"

"마, 며칠 전에 내려왔는데 니가 급제했다는 소식을 듣고 안 왔나."

"잘 오셨심더. 잘 오셨심더."

"니가 내 소원을 대신 이루어준 기라. 고맙데이."

김음은 노상추를 보고 눈물을 흘렸다. 김음은 한양에서 산 목화신과 비단 도포를 입고 있었다. 동네 친척들이 뺏아가지는 않았나보다. 노상추는 어사화를 벗어서 김음의 머리에 씌워주었다. 그리고 그를 말에 태워준 뒤 자신이 말고삐를 쥐었다. 김음은 크게 웃으며 창졸들의 피리 소리와 노랫소리에 맞춰 어깨춤을 추었다. 노상추는 말고삐를 쥐고 집으로 걸어갔다. 사람들은 어깨춤을 추는 김음을 보고 깔깔대며 웃었고 김음도 호쾌하게 웃었다.

---

[45] 쌍적(雙笛): 피리의 일종.

"급제자 납신다, 길을 비키거라!"

창졸 박대성이 소리쳤다. 노상추가 걸어서 사람들의 환대를 받으며 집으로 가자 대문 앞에서 봉증, 아내, 형수, 상근이, 제수씨가 있었다. 봉증이는 노상추에게 큰절을 올렸다.

"지는 아버지께서 급제하실 줄 알았심더."

봉증이는 짐짓 의젓한 척 말하고 있었지만 눈에서는 눈물이 고여있었다. 봉증이의 눈을 보니 죽은 둘째 아내가 보였다. 둘째 아내도 눈물을 흘리며 축하하고 있었다. 봉증이가 귀에 대고 말했다.

"제가 어무이한테 아부지 급제하싰다는 편지를 읽어드렸는데 어무이께서 밤새도록 우셨습니더."

노상추는 아내는 울먹거리는 표정으로 서 있었다. 노상추는 아내에게 환하게 웃었다.

"자네도 고생 많았데이."

"고생은 무신······."

아내는 말을 잇지 못하고 소맷부리를 눈으로 가져갔다. 아내가 울자 형수가 아내의 어깨를 잡아주었다.

"형수요!"

"도련님, 장하십니더! 축하드립니더!"

형수를 보자 노상추는 마음이 무척 아팠다. 자기 부인들은 차례로 세상을 떠났지만 형수는 평생 안강 노씨 집안에서 자기 자리를 지키며 살아주었다. 누가 뭐래도 형수는 우리 가문의 대들보였다.

"형님, 고맙데이. 이제 됐데이. 이제 됐어!"

상근이는 노상추를 부둥켜안고 큰 소리로 울었다. 노상추가 급제하여 이제 누가 뭐래도 노씨 집안은 양반 가문의 위상을 확고히 하게 됐다.

노상추는 집으로 들어가 사당에 참배하고 아버지의 묘소에 올라갔다. 아버지의 묘 앞에 절을 올리며 노상추는 눈물을 흘렸다. 아버지가 조금만 더 사셨더라면 이 기쁨을 함께할 수 있었을 텐데. 아! 아버지! 어찌 그리 가셨습니까.

'반드시 성취하라고 하신 아버지의 유언, 이렇게 받들 수 있게 됐심더. 이렇게 기쁜데, 이렇게 좋은데……. 기뻐해주실 아부지가 안 계시이까네, 마음에 구멍이 크게 뚫린 것 같심더.'

아무리 삼키려 해도 터져 나오는 울음을 멈출 수가 없었다. 살아생전 슬픔과 싸우던 아버지, 점점 작아지는 어깨를 바라보며 마음 아팠는데 한 번도 크게 웃게 해드리지 못하고 떠나보냈다. 얼마 전 꿈에 새로 짓는 집을 바라보던 아버지가 생각났다. 아버지는 지금 여기서 노상추를 담담히 바라보고 계실 것이다.

노상추는 할아버지, 어머니 묘소를 참배하고 집으로 돌아와 도문연을 벌이는 허서방의 너른 논으로 갔다. 이 일대에서 논바닥에 잔치판을 벌인 일이 없었다. 좁은 집 마당에 사람들이 다 들어올 수 없어서 아예 논바닥에 동네의 멍석이란 멍석은 다 가져와 펴놓고 잔치판을 벌였다. 너른 논바닥에 가마솥을 스무 개나 걸고 동네 여인들이란 여인들은 모조리 와서 밥을 끓이고 돼지와 개를 잡았고 선산에 있는 술동이란 술동이는 모조리 가져다 놓고 술을 퍼 날랐다. 선산에 큰 잔치가 벌어졌다. 선산 부사께서 선산 관아의 광대와 기생, 풍각쟁이들을 데리고 납시었고 곡식과 과일, 고기를 가져오셨다. 선산 부사는 노상추의 절을 받고 선물을 하사하시면서 축하해주셨다. 그날 잔치에 다녀간 사람만 육천 명에 이르렀다. 동네 사람들은 이게 웬 떡이냐, 하며 사돈에 팔촌까지 다 허 서방의 논바닥으로 모여들었다. 노상추는 이 모든 비용을 어떻게 다 갚나 하는 생각이 들기도 했지만 망하면 어떠랴. 망할 때 망하더라도 이런 날 즐거워하지 못한다면 분명히 조상님께 혼이 날 것이다. 노상추의 급제를 축하하는 도문연의 날, 선산에서는 밤새도록 고기 삶는 냄새, 밥 끓는 냄새가 진동했고 광대놀음에 사람들의 웃음소리가 끊이지 않았고 요란한 풍악 소리에 맞춰 춤추고 노래 부르며 모두가 행복하고 모두가 즐거웠다.

〈끝〉

참고 문헌

도서

국사편찬위원회	노상추 일기, 2017
국사편찬위원회	천민 예인의 삶과 예술의 궤적, 2007
국사편찬위원회	그림에게 물은 사대부의 생활과 풍류, 2007
국사편찬위원회	상장례, 삶과 죽음의 방정식, 2005
국사편찬위원회	한 해, 사계절에 담긴 우리 풍속, 2011
국사편찬위원회	유교적 사유와 삶의 변천, 2009
국사편찬위원회	농업과 농민, 천하대본의 길, 2009
국사편찬위원회	고문서에게 물은 조선시대 사람들의 삶, 2009
이두순	문틈으로 본 조선 농업과 사회상, 한국농촌경제연구원, 2018
문숙자	68년의 나날들, 조선의 일상사, 너머북스, 2009
김동석	조선시대 선비의 과거와 시권, 한국학중앙연구원출판부, 2021
정해은	조선의 무관과 양반사회, 역사산책, 2021
김학수 외 13	선비의 답안지, 한국학중앙연구원, 2018

논문

정해은	『선고일기(先考日記)』의 특징과 가치 - 노상추·노철 부자의 일기 쓰기 의미, 영남대 민족문화연구소, 2022
오항녕	조선 숙종대 실록의 수정 시도와 누설, 전주대, 2018
박현순	조선시대 과거수험서, 2008
전종한	조선 후기 읍성취락의 경관 요소와 경관 구성, 한국지역지리학회, 2015
양숙향-이혜경	조선후기 풍속화에 나타난 여성의 생활상과 복식문화, 한국지역사회생활과학회지, 2007
김성희	조선시대 여성의 가내외에서의 일상생활, 순천대학교, 2003

권복규   조선 전기 역병에 대한 민간의 대응, 서울대, 1999
황위주   '사부일과'를 통해 본 선비의 하루 일상, 퇴계학론집, 2014

웹사이트
스토리테마파크   https://story.ugyo.net/
한국사데이터베이스   https://db.history.go.kr/

표지그림
김홍도   나들이 〈단원 풍속도첩〉 [출처] 국립중앙박물관
김홍도   신행길 〈단원 풍속도첩〉 [출처] 국립중앙박물관
한시각   북새선은도 [출처] 국립중앙박물관
신산부 지도   [출처] 서울대학교 규장각한국학연구원
배경   [출처] gettyimagesbank

눈물나는 노상추의 과거합격기
명절서생

1판 1쇄 발행	2024년 1월 29일
지은이	김도희
발행인	김도희
발행처	JS&D
디자인·편집	(주)교육다움
표지 삽화	김보령
감수	노용순
주소	서울시 강남구 헌릉로 590길 63
전화	02-459-5090
팩스	02-459-5090
이메일	jsd@jsdcontents.com
출판등록	제2023-000329호

ⓒ 김도희, 2023
ISBN   979-11-985686-4-9 (제3권 급제를 쏘다)
ISBN   979-11-985686-0-1 (세트)

이 도서는 저작권법에 따라 보호받는 저작물이므로 저작권자와 출판사의 동의 없이 무단 전재 및 복제를 금지합니다. / 복제하거나 다른 용도로 사용할 수 없습니다.